Bausteine der Veränderung

edition innsalz

Dr. Brigitte Gross
Bausteine der Veränderung
herausgegeben von:
Wolfgang Maxlmoser

Aspach - Wien - Meran
A- 5252 Aspach, Pfarrgrund 3
Telefon: ++43/664/3382412
Fax: ++43/7755/7258-4
Homepage: www.edition-innsalz.at
E-mail: edition.innsalz@ivnet.co.at

ISBN 3-900050-51-1
3. Auflage 2007

Umschlagbild: Tobias Judmaier
Gestaltung: Tobias Judmaier

Dr. Brigitte Gross

Bausteine der Veränderung

Private, berufliche und unternehmerische Ziele erreichen

Inhalt

1.	Einleitung	11
1.1	Worum geht es in diesem Buch?	11
1.2	Die Methode mit den Bausteinen	13
	Einer stellt auf und alle(s) sind(ist) dabei	13
	Wann? bzw. wozu?	14
2	Das praktische Vorgehen	15
3.	Das Rüstzeug zur Veränderung	19
3.1	Die sprachliche Ausrüstung zur Veränderung	19
	Kurzfassung der Struktur des Zielrahmens	28
3.2	Die „systemische Wissens-Ausrüstung" zur Veränderung	31
	Das Individuum, das System und die Kunst, ihr Zusammenwirken zu verstehen	31
	Das System und seine Eigenschaften (allgemein)	31
	Menschliche Beziehungen als systemisches Denkmodell	32
	Offene Interaktionssysteme und ihre Eigenschaften	32
	Wichtige systemische Grundannahmen	33
3.3.	Die Kräfte, die im System Familie wirken	34
	Bindung	35
	Ordnung im Sinne von Rangordnung	39
	Der Ausgleich von Geben und Nehmen	47
	Ordnung im Sinne von Regeln und Vereinbarungen	49

3.4	Die Systembedingungen, die in der Familie wirken	51
	Das Recht auf Zugehörigkeit	51
	Das Gesetz der vollen Zahl	51
	Das Gesetz des Vorrangs des Früheren	52
	Die Anerkennung der Vergänglichkeit	52
	Das Entstehen von Störungen in Bezug auf Systembedingungen	53
	Identifizierung und Übernahme	53
	Nachfolge	58
3.5	Wichtiges zu Verstrickungen	60
3.6	Das Verstehen der Gefühle	61
	Primäres Gefühl	61
	Metagefühl	62
	Sekundäres Gefühl	62
	Fremdes bzw. übernommenes Gefühl	64
4.	Die Systemkräfte und Bedingungen, die in Organisationen und Unternehmen wirken	66
	Recht auf Zugehörigkeit	66
	Rangordnung durch Position	67
	Rangordnung durch zeitlichen Eintritt	67
	Ausgleich von Geben und Nehmen	68
	Regeln und Ordnungen	68
	Aufgabenorientierung	68
	Anerkennung der Leistung	69
	Stärkung oder Schwächung	69
	Das Alte und das Neue	70
	Gehen und Bleiben	70
5.	Beispiele für die Arbeit mit Bausteinen	72
5.1	Aus dem Organisations- bzw.- Unternehmensbereich	72

Problem: „Unerklärliche Projektverzögerung“ 72
Systemischer Hintergrund:
„Der Unfall des Initiators“
(Unbewusster Ausgleich aus Loyalität)

Problem: „Unstimmigkeiten unter Mitarbeitern“ 80
Systemischer Hintergrund:
„Die Stütze des Chefs“
(Loyalitäts- und Rangordnungskonflikt)
Problem: „Unerwartete Gewinneinbuße“ 88
Systemischer Hintergrund:
„Gott zieht sich zurück“
(Auswirkung einer in Vergessenheit geratenen Loyalitätsvereinbarung)

Problem: „Fertiggestelltes Projekt beginnt vor der Umsetzung zu scheitern“ 96
Hintergrund:
Unzureichend ausgearbeitete Projektvorteile.
„Wie wird die Aufmerksamkeit für ein Projekt gewonnen?“

5.2 Aus dem beruflichen und privaten Bereich 103

Problem: „Gewissenskonflikt zwischen Mutterrolle, Beruf und Hobby“ 103
Systemischer Hintergrund:
„Das schlechte Gewissen“
(Das Gewissen im Dienste unserer Bindungen)

Problem: „Ich kann mich nicht entscheiden“: 108
Hintergrund:
Unzureichendes Wissen über die eigenen Entscheidungskriterien
„Wie weiß ich, was ich wirklich will?“

Problem: „Ich bin zu dick“ 116
Systemischer Hintergrund:
„Kilos als Schutz vor dem Seitensprung“
(Die Übergewichtsproblematik im Dienste der Bindung zur Partnerin)

5.3 Aus dem familiären Bereich 131

Problem: „Belastung des Lebensgrundgefühls“
(Zerrissenheit, Ambivalenz) 131
Systemischer Hintergrund:
„Die Vermittlerrolle“
(Verletzung der Rangordnung: Triangulierung)

Problem: „Burn-Out-Syndrom“ 141
Systemischer Hintergrund:
„Für die eigene Mutter, Sohn, Partner und Vater sein.“
(Verstrickung durch Verletzung der Rangordnung. Partnerersatz und Parentifizierung)

Problem: „Kraftlosigkeit“ 154
Systemischer Hintergrund:
„Die totgeschwiegene Schwester.“
(Geschwisterersatz. Stellvertretende Gefühle für die Schwester)

5.4 Aus dem Bereich Partnerschaft 161

Problem: „Schwierigkeit mit Kinderwunsch“
Hintergrund:
„Die Lösung ist auf einer anderen Ebene zu finden.“

5.5 Aus dem Bereich Supervision 168

Problem: „Ich weiß nicht weiter."
Systemischer Hintergrund:
„Die verschobene Reinszenierung (Wiederholung) eines Paarproblems"
(Die Auswirkungen einer unbewussten Loyalitätsbindung)

Literatur 174

1. Einleitung

1.1 Worum geht es in diesem Buch?

Das Einzige was sicher ist, ist die Veränderung.

Die Fähigkeit zur Veränderung und mit Veränderung konstruktiv umgehen zu können, ist eine der wertvollsten Fähigkeiten, die es zu erlangen und stetig zu verbessern gilt.

Denn: Nur wer sich ändert, bleibt sich treu.

Dieses Buch ist auf Wunsch der Menschen entstanden, die ich bei ihren persönlichen oder beruflichen Veränderungsprozessen begleiten durfte. Viele drängten mich nach der schriftlichen Zusammenfassung dessen, was sie in ihrer Entwicklung gefördert hatte und ihnen die Möglichkeit gab, persönliche, berufliche oder unternehmerische Ziele zu erreichen. Auch jene, die selbst in beratender Funktion tätig sind, ließen nicht locker, die Methode mit den Bausteinen veröffentlicht sehen zu wollen.
Das Interesse an dieser Zusammenfassung ist unabhängig von den beruflichen Tätigkeiten der Personen, denn Veränderungsfähigkeit, Probleme lösen zu können, Ziele zu klären und zu erreichen, ist in allen Lebensbereichen wichtig.
Seit Sigmund Freud ist es eine allgemein anerkannte Tatsache, dass das Unbewusste unser Denken, Fühlen und Handeln stark mitbestimmt. Doch nicht nur der einzelne Mensch, auch menschliche Systeme wie Familien, Organisationen, Unternehmen sind maßgeblich durch das Unbewusste gesteuert. Dieses Buch soll Ihnen ein innovatives Verfahren vermitteln, wie das unbewusst Wirkende anschaulich bewusst gemacht werden kann bzw. wie komplexe Zusammenhänge und Wechselwirkungen auf einfache Weise abgebildet werden.
Anwendbar beschrieben wird die Verknüpfung der Methoden des Neuro Linguistischen Programmierens (NLP) und der systemischen Aufstellungsarbeit. Beide werden seit vielen Jahren im beraterischen, therapeutischen, pädagogischen, wirtschaftlichen,

sportlichen und künstlerischen Kontext angewandt, doch jede mehr oder weniger für sich.

Wir, im seit 1984 bestehenden „Österreichischen Ausbildungs- und Trainingszentrum für NLP“, verbinden diese beiden Methoden in unserer Arbeit mit Gruppen sowie auch im Einzelcoaching. Wir bezeichnen diese Arbeit als „Bausteinmethode“, da wir zur Darstellung der Prozesse Bausteine verwenden und damit ein Instrumentarium zur Verfügung stellen, das hilft, Veränderungen effektiver und nachhaltiger zu machen.
Diese Erfahrung bestätigt sich in meinem persönlichen Leben, in meiner Arbeit als Coach, Trainerin und Therapeutin. Auch im Management-Bereich kann ich die Methode als sehr erfolgreich beim Begleiten interner Prozesse, sowie auch bei Vernetzungen auf nationaler und internationaler Ebene einsetzen.

Das NEURO LINGUISTISCHE PROGRAMMIEREN stellt hierbei das sprachliche Rüstzeug für ein strukturiertes und klares Vorgehen im Veränderungsprozess zur Verfügung. Die Fragetechnik gewährleistet ein präzises Erfassen des derzeitigen Problems und des Ziels, das erreicht werden soll, sowie das Auffinden von Ressourcen. Dies ist als Voraussetzung für den effektiven Veränderungsprozess notwendig.

Die Stärken der SYSTEMISCHEN AUFSTELLUNGSARBEIT liegen im Verständlich- und Erlebbarmachen der Systemzusammenhänge und der Kräfte und Bedingungen, die innerhalb von Systemen wirken. Der Einzelne ist in seinem Alltagsleben verschiedenen Systemen zugehörig, die ihm Potentiale aber auch Einschränkungen bieten. Systemdynamiken sind mit physikalischen Naturgesetzten vergleichbar, denen wir uns fügen. Das Ziel ist deshalb, Lösungen zu finden, die mit den jeweiligen Kräften und Bedingungen des Systems im Einklang sind.

1.2 Die Methode mit den Bausteinen

Einer stellt auf und alle(s) sind(ist) dabei

Die Methode mit den Bausteinen eignet sich hervorragend für die Darstellung von Veränderungen jeglicher Art.
Durch die Bausteine wird als erster Schritt das innere Bild vom Problem des Fragenden (die Fakten und ihre begleitenden Umstände) externalisiert, das heißt nach außen gestellt und dadurch sichtbar gemacht. Diese Veranschaulichung eröffnet eine völlig neue Dimension des Verstehens.
Der nächste Schritt ist das „sich Hineinversetzen" in die eigene Person, wie auch in die anderen Personen des Systems. Dadurch kommen weitere wertvolle Informationen hinzu. Unbewusstes wird bewusst gemacht.
Man erlebt sich selbst, sowie die anderen, in komplexen Zusammenhängen. „Abstrakte Elemente" wie Projekte, Aufgaben, Ziele, Produkte, Visionen, Kompetenzen, Hindernisse ... werden in ihrer Wirkung sichtbar, erfahrbar und erlebbar.

Durch den Gesamtüberblick und das „sich Hineinversetzen" werden Informationen freigegeben, die durch rein sprachliche Mitteilungen niemals erkenn- bzw. erfassbar sind. Die auf diese Art gewonnenen Erkenntnisse ermöglichen eine tiefgreifende Veränderung, die an den Wurzeln, also dem entscheidenden Punkt, ansetzt.

Weiters zeigt sich, welche Ressourcen bereits vorhanden sind und wie diese optimal genützt werden können. Es wird aber auch deutlich, welche Ressourcen noch notwendig sind und wie diese verfügbar gemacht werden können.

Wann? bzw. wozu?

Durch die beschriebene Vorgehensweise werden in sehr kurzer Zeit wesentliche und komplexe Informationen gewonnen. Daraus ergeben sich entscheidende Erkenntnisse, aus denen gute Lösungen erarbeitet werden können.

Die Bausteinmethode kann eingesetzt werden, um:

- festgefahrene Situationen in ihren Zusammenhängen zu erkennen und Lösungen zu finden,
- Hindernisse zu erkennen und zu bewältigen,
- neue Perspektiven zu entwickeln,
- Ziele zu definieren und Strategien zu ihrer Erreichung zu erarbeiten,
- neue Aufgaben rasch zu überschauen,
- sich einen schnellen und klaren Überblick im laufenden Prozess zu verschaffen.

Neben der Klärung des aktuellen Anliegens ergeben sich noch weitere Effekte durch die Bausteinmethode:

- Die Fragenden/Klienten verbessern ihre Wahrnehmungsfähigkeit.
- Sie steigern ihre Sensibilität und Achtsamkeit im privaten und im beruflichen Kontext.
- Durch das Verständnis für Systemdynamiken werden komplexe Zusammenhänge und daraus resultierende Lösungswege (auch in der Zukunft) klarer erkannt.
- Ein neuer Zugang zu bisher unbekannten Ressourcen wird gewonnen.

2 Das praktische Vorgehen

Vorbemerkung:
Das sich in eine andere Person (Rolle, Element ...) „Hineinversetzen können“ ist eine essenzielle Fähigkeit der sozialen Kompetenz, daher auch besonders wichtiger Bestandteil der Veränderung. Deshalb soll gewährleistet sein, dass der Fragende/Klient dies kann. Das ist vor Beginn des Arbeit zu klären und gegebenenfalls zu üben.

Die Arbeit mit den Bausteinen besteht aus mehreren Phasen. Die Vorgehensweise ist immer etwas unterschiedlich, wird aber bestimmt durch:

a) die Art des Anliegens,
b) die Rolle, die der Fragende/Klient in Bezug auf das Anliegen hat,
c) bereits vorhandene Ressourcen,
d) benötigte Ressourcen.

Klärung: Welches Anliegen hat der Fragende/Klient, die Fragende/Klientin? Welche Rolle hat er/sie bezüglich des Anliegens?

Die Klärung folgt den Fragen des Zielmodells, wie in Kapitel 3.1 beschrieben.

Zum Beispiel:

„Was ist das Problem?“
„Was ist das Gute an dem, wie es jetzt ist?“
„Was genau will der Fragende/Klient?“
„Was tut es Gutes für den Fragenden/Klienten, dieses Ziel zu erreichen?“

Im Verlauf des Gesprächs erübrigt sich eventuell die eine oder andere Frage, da sie implizit beatwortet ist oder nicht mehr notwendig erscheint.

Was immer in diesem Prozess zu definieren ist, ist die Rolle, die der Fragende/Klient im konkreten Kontext hat. Ist er/sie als Mutter/

Vater oder Tochter/Sohn ... Lebensgefährte oder mehrfunktionell hier um ein Problem zu lösen. Im wirtschaftlichen Kontext stellt sich die Frage, ob er/sie als Inhaber, Geschäftsführer, Abteilungsleiter, Projektleiter, externer Berater etc. da ist. Die Rolle definiert maßgeblich, worauf der Fragende/Klient Einfluss nehmen kann und worauf nicht.

Klärung: Wer und was wird aufgestellt?

Dies ergibt sich aus den Antworten des Zielgesprächs. Die wichtigen Elemente des IST- und ZIEL-Zustandes und der Ressourcen sind aufzustellen.
Zu beachten ist: Aufgestellt werden soll nur, was notwendig ist. Weniger ist mehr!

Das Aufstellen und die Wahrnehmung des Gesamtbildes

Der Fragende/Klient stellt nun nach seinem inneren Bild auf. Nachdem aufgestellt ist, wird das „Anliegen" in seiner Komplexität wahrgenommen und dies führt oft schon zu wesentlichen (neuen) Erkenntnissen.

Das „sich Hineinversetzen" in sich sebst, in die anderen Personen und eventuell auch in andere Elemente

In diesem Prozess werden oben genannte Erkenntnisse erlebbar gemacht, womit sie eine viel tiefere Dimension erreichen. Unbewusstes wird bewusst gefühlt und erkannt. Das betrifft einerseits Anteile der Person selbst, die die Aufstellung macht, aber auch andere Personen in der Aufstellung. Plötzlich wird das, was die anderen Personen tun, aus deren Warte erlebt, womit ein neues Verständnis für diese Personen und die Gesamtsituation erfahren wird. Dadurch eröffnen sich meist völlig neue Möglichkeiten zur Lösung.

Die Ressourcenfindung

Das Finden von Ressourcen ergibt sich aus den in den vorhergehenden Phasen gewonnenen Einsichten. Manchmal sind kleine Rituale notwendig um sich vom Problem lösen zu können. Meist dann, wenn der/die Betroffene über bzw. durch das Problem mit einer Person verbunden ist.

Für die motivierenden, unterstützenden, stärkenden Ressourcen werden Bausteine auf den Platz im Gesamtbild gestellt, wo sie hingehören. Also entweder auf den Weg zum Ziel, zum Ziel selbst oder zum Metaziel.

Das aufgestellte Zielbild

Das Zielbild beinhaltet die erarbeiteten Komponenten. Es wird bezüglich seiner Stimmigkeit für den Klienten nochmals überprüft.

Der Übergang vom Zielaufstellungsbild in die Realität.

Ganz gleich, welcher Art das Anliegen ist, erscheint es sinnvoll, das Endbild wirken zu lassen und im Anschluss an die Aufstellung nur das Notwendigste darüber zu sprechen.
Je mehr darüber anschließend diskutiert wird, desto mehr besteht die Gefahr, dass man zurück in linear kausales Denken fällt und dadurch wieder in alte Verhaltensmuster. Die Wirkung der Aufstellung würde geschwächt.

Insgesammt ist es erfahrungsgemäß so, dass sich berufliche Themen oft in einer Aufstellung zu einer Lösung bringen lassen.
Für persönliche Anliegen, die eng mit Familiärem verknüpft sind, können weitere Aufstellungen hilfreich sein, in dem Sinne, dass man Thema für Thema auf diese Art und Weise angeht.

Nach durchgeführter Aufstellung kann es manchmal noch darum gehen die Umsetzung des Aufstellungsergebnisses in den Alltag anzubahnen. Das kann mit einer ganz bewussten Entscheidung, aber auch mit konkreten (schriftlichen) Zielsetzungen geschehen.

Welche Schritte sind im Alltag zu tun und in welcher Reihenfolge?

Rituale stellen eine gute Möglichkeit dar, das Ergebnis der Aufstellung im Alltag zu etablieren. Rituale sind Handlungen, die mit einem bestimmten, vorgegebenen Ablauf durchgeführt werden, bis sie zu einer Art guter Gewohnheit geworden sind.
So kann zum Beispiel das Schlussbild der Aufstellung photographiert oder gezeichnet werden. Dieses Bild könnte an verschiedenen Plätzen positioniert werden um mehrmals pro Tag daran erinnert zu sein. Das hat zur Folge, dass man unbewusst und bewusst aktiv an der Verwirklichung dran bleibt.
Nützlich erweist sich auch eine Art Tagebuch anzulegen um die Fortschritte bewusst zu machen und motiviert zu bleiben.

3. Das Rüstzeug zur Veränderung

3.1 Die sprachliche Ausrüstung zur Veränderung

Gute Fragen führen zu guten Ergebnissen.

Das Zielmodell

Das Zielmodell, das in diesem Kapitel genau erläutert wird, ist ein wichtiger Faktor beim Arbeiten mit Bausteinen. Gute Fragen führen zu guten Ergebnissen, sie zeigen die genaue Richtung an, wohin es gehen soll und bewirken die Motivation. Den Ist- bzw. Zielzustand genau erarbeitet zu haben, ist essenziell um lösungsorientiert vorgehen zu können, deshalb wird der Zielrahmen auch sehr detailliert in diesem Kapitel beschrieben.

Exkurs in den Problemrahmen

Die gängige Art der Auseinandersetzung mit Schwierigkeiten ist problemorientiert, was es oft unmöglich macht einen Lösungsansatz zu finden.
Der Problemrahmen stellt den Ist-Wert dar. Die Fragen sind rein vergangenheitsorientiert und entsprechen einem Kausalitätsdenken und keinem Finalitätsdenken, wie es die Systemtheorie fordert.
Ehe die Besonderheiten des Ergebnisrahmens beschrieben werden, soll zuerst daran erinnert werden, wie die meisten Menschen über ihre Probleme nachdenken. Was folgt, ist eine Anzahl von Fragen, die einen bestimmten Weg weisen, über Probleme nachzudenken, einen Weg, der als „Problemrahmen“ bezeichnet werden kann.

Machen Sie für sich folgende Übung:

Denken Sie an etwas, das für Sie in Ihrem gegenwärtigen Leben ein kleines Problem darstellt. Beantworten Sie für sich jede der folgenden Fragen und schreiben Sie jede Antwort nieder, ehe Sie zur nächsten Frage übergehen.

Problemrahmen:

„Was ist mein Problem?"

„Was stimmt nicht?"

„Warum habe ich dieses Problem?"

„Wie lange habe ich dieses Problem schon?"

„Wie sehr ärgert (kränkt) es mich?"

„Was kann ich alles nicht tun, weil ich dieses Problem habe?"

„Wer ist schuld, dass ich dieses Problem habe?"

Haben Sie diese Fragen beantwortet, nehmen Sie sich einen Augenblick Zeit, atmen Sie durch und denken Sie daran, was Sie geantwortet haben. Diese Art der Fragen ist problemorientiert und führt zur Erfahrung von Eingeschränktheit und mangelnden Wahlmöglichkeiten. Sie erfordern Erklärungen, Entschuldigungen und Rechtfertigungen, weshalb Menschen nicht haben oder tun können, was sie wollen.

Der Zielrahmen

Jetzt versuchen Sie einen gegensätzlichen Zugang und stellen Sie dem Problemrahmen folgende Fragen gegenüber.

Machen Sie folgende Übung zum Zielrahmen:
Gebrauchen Sie den selben Inhalt wie bei der vorhergehenden Übung. Schreiben Sie die Antworten zu den jeweiligen Fragen nieder.

Einstiegsübung zum Zielrahmen:

„Was genau will ich?" (Ziel)
„Wann, wo und mit wem will ich das Ziel erreichen?" (Zielkontext)
„Woran werde ich erkennen, dass ich es habe?" (Evidenz)

- positiv formuliert
- unter der eigenen Kontrolle
- handlungs/sinnesspezifisch

„Was tut es Gutes für mich, dieses Ziel zu erreichen?"
(Ziel des Zieles)

„Welche Auswirkungen wird das für mich, meine Familie, meinen Beruf, meine Freunde haben, wenn ich erreicht habe, was ich will?" **(Ökologie)**

„Was steht mir bereits zur Verfügung, was mir dabei hilft?"
(Ressourcen)

„Welche Ressourcen brauche ich noch?"

„Welchen ersten Schritt setze ich nun, um das zu bekommen, was ich will?"

Nachdem Sie nun diese Fragen beantwortet haben, nehmen Sie sich einen Augenblick Zeit, atmen Sie durch und erinnern Sie sich, was Sie geantwortet haben. Was war für Sie der gefühlsmäßige Unterschied zwischen der Beantwortung der Fragen des Problemrahmens und der Fragen des Zielrahmens?

Die meisten Menschen fühlen sich ziemlich schlecht, während sie sich durch den Problemrahmen bewegen. Er orientiert sie beständig darauf, was fehlerhaft ist (wie arm, unvollkommen oder bedrückt sie sind), und das ist für die meisten Menschen entmutigend.
Im Gegensatz dazu ist der Zielrahmen auf die Zukunft und auf die Ressourcen gerichtet und bewirkt, dass sich die Menschen in der Regel motiviert, handlungs- und leistungsfähig fühlen.

Diese Fragen haben dazu gedient, Ihnen den Unterschied zwischen Problemrahmen und Zielrahmen zu verdeutlichen.
Nun werden Sie mit der Gesamtmethodik des Zielrahmens als wichtigem Schlüssel für die Vorgehensweise im Veränderungsprozess vertraut gemacht.

Beschreibung und Bedeutung der Methode

Zweck der Arbeit mit dem Zielrahmen ist es, das Ziel so zu gestalten und zu formen, dass es sich in die Gesamtlebensplanung gut einfügt, dass seine Attraktivität sichergestellt ist und bestimmt erreicht wird.

Machen Sie folgende Übung zum gesamten Zielrahmen:

Da es für die meisten Menschen wichtig ist dort „abgeholt“ zu werden, wo sie sich gerade befinden, wird die Einstiegsfrage unterschiedlich sein:

„Was ist mein Anliegen?“
Oder: „Was ist mein Problem?“
Oder: „Was will ich ändern?“
Oder: „Was ist meine Jetzt-Situation?“
(Klärung des IST-Zustandes)
Hier geht es darum zu konkretisieren, was genau das ist, was geändert werden soll. Also weg von einer langen ausführlichen Problembeschreibung hin zu einer klaren Konkretisierung.

Danach gehen Sie zur Frage:
„Was genau will ich?“
(Klärung des erwünschten Zustandes = Ziel-Zustand)
Die Frage, was Sie wollen, führt Sie dazu, eine genaue Vorstellung davon zu entwickeln, was Sie konkret erreichen wollen.
Nur sich darauf zu konzentrieren, was nicht in Ordnung ist, was nicht sein soll, lässt Sie nur wissen, was Sie nicht wollen. Diese erste und wichtigste Frage - „Was will ich?“- lässt Sie innehalten und überlegen, wohin Sie zielorientiert gehen können und wollen.

Des weiteren gibt Ihnen das Wissen Ihres konkreten Zieles genau das in die Hand, woran Sie Ihren Fortschritt und die Nützlichkeit oder Nichtnützlichkeit Ihrer Bemühungen überprüfen können. Außerdem entdeckt man nach Beantwortung der Fragen manchmal, dass man bereits alles hat, was man will und es nur noch nicht bemerkt hat.

„Wann, wo und mit wem will ich mein Ziel erreichen?“
(Klärung des Kontextes)
Der vielleicht üblichste Fehler beim Festlegen eines Zieles ist jener, anzunehmen, dass, wenn es gut ist etwas zu haben, man es immer haben will. Doch jede Fähigkeit, jedes Gefühl oder jegliches Verhalten, egal wie angenehm oder unangenehm, wird in

einigen Kontexten angemessen sein und unangemessen in anderen. Sich die Frage zu stellen: „Wann, wo und mit wem will ich dieses Ziel?“, verhilft Ihnen zur Spezifizierung des Zeitrahmens, der Orte und der Situationen, in denen etwas eintreten soll, und welche Personen es betrifft.

„Woran erkenne ich, dass ich mein Ziel erreicht habe?“
(Klärung der Evidenz)
Diese Frage bringt Sie dazu zu spezifizieren, was Sie tun und fühlen wollen, wenn Sie das erwünschte Ziel erreicht haben. (Dabei ist wichtig, dass Sie überprüfen, dass Ihr Ziel positiv formuliert ist, unter Ihrer eigenen Kontrolle steht und handlungs- und sinnesspezifisch genau formuliert ist)

Oft ist es so, dass Menschen eine Idee davon haben, was sie wollen. Doch Ihre Vorstellung vom Ziel ist so vage und nebulos, dass sie Schwierigkeiten haben, genau wahrzunehmen, wann sie es tatsächlich erreicht haben. Demzufolge ist es für sie auch schwer zu wissen, was Sie tun sollen, damit Sie es erreichen können.

Das Spezifizieren und die sinnesspezifische Beschreibung, woran Sie erkennen können, dass Sie Ihr Ziel erreicht haben werden, bringt Ihnen nicht nur die Erfolgsprobe, sondern auch wichtige Informationen darüber, was Sie brauchen, um zu Ihrem Ziel zu kommen. Nehmen Sie z. B. an, Ihr Ziel ist:

„Sicherheit beim Präsentieren meines Projektes“

Erst die sinnesspezifische Spezifizierung durch die Frage:
„Woran erkenne ich, dass ich sicher beim Präsentieren bin?“ und ihre sinnesspezifische, handlungsorientierte Beschreibung zeigt, wie Sie sind, wenn Sie »sicher« sind.
Sie können Ihre Sicherheit zum Beispiel daran erkennen, dass Sie das Publikum anschauen und dabei gleichmäßig und ruhig sprechen, regelmäßig atmen, aufrecht stehen ...

„Was tut es Gutes für mich dieses Ziel zu erreichen?“

(Klärung des Metaziels - Ziel des Zieles, das „Wozu?“)

Das Metaziel zu definieren dient erstens dazu, zu wissen, was sich die Person von der Zielerreichung verspricht, dadurch wird die Motivation das Ziel zu erreichen sehr gesteigert.

Zweitens kann die Klärung des Metaziels bewusst machen, dass mehrere Wege zum Metaziel führen und nicht ausschließlich das genannte Ziel.

„Welche Auswirkungen in meinem Leben wird das haben, wenn ich erreicht habe, was ich will?“

(Klärung der Ökologie - positive Effekte)

Nichts, was in Ihrem Leben passiert, erscheint als isoliertes Ereignis. Jede Veränderung, die Sie in Ihren Erfahrungen, Einstellungen, Fähigkeiten oder Ihrem Verhalten ... machen, wird, bis zu einem gewissen Grad, auch andere Bereiche Ihres Lebens beeinflussen. Wenn Sie erkennen, wie auch andere Bereiche Ihres Lebens von Ihrem gewünschten Ziel profitieren, hilft es Ihnen, Ihr Engagement aufrecht zu erhalten, dieses Ziel zu erreichen.

„Was ist der Preis?“

(Klärung der Ökologie - mögliche negative Effekte)

Wie wird mein „Umfeld“ darauf reagieren? Wie werden die Reaktionen der Menschen sein, die durch die Erreichung meines Zieles mitbetroffen sind?

Hier ist die Reaktion jeder einzelnen Person im privaten und beruflichen Umfeld abzufragen.

Stimme ich dem zu, oder ist es mir das Ziel nicht wert?

Ein Ergebnis dieser Frage kann sein, dass der „Preis zu hoch ist“, d.h. dass die Auswirkungen mehr Schaden als Nutzen bringen würden. Doch dann fühlt man sich auch entlastet, weil endlich ein Vorsatz aufgegeben werden kann. Gleichzeitig führt dies auch zum Verständnis, dass man nicht durch Faulheit oder ähnliches von der Zielerreichung abgehalten wurde, sondern durch so etwas wie einer guten inneren Instanz, die bereits um die „negativen“ Folgen wusste.

Es kann aber auch sein, dass Sie bei der Beantwortung dieser Frage herausfinden, dass die Erreichung des Zieles nicht viel verbessert.

Der ursprüngliche Glanz des Zieles geht verloren und Sie haben Ihre Energien für Neues frei.

„Welche Ressourcen habe ich verfügbar, die mir dabei helfen können?"
(Klärung der Ressourcen - Welche bereits vorhanden Ressourcen können nutzbar gemacht werden?)
Nun wissen Sie, was Sie wollen, woran Sie es erkennen, dass Sie es erreicht haben. Wo, wann (wann nicht) und mit wem (wem nicht) Sie es haben wollen. Dann ist es Zeit, dass Sie zur Realisierung dieses Zieles aktiv werden.
Dafür benötigen Sie Ressourcen. Diese Frage verlangt von Ihnen, dass Sie sich über Ihre Ressourcen im Klaren sind.
Gemeint sind einerseits innere Ressourcen wie zum Beispiel: gute Erfahrungen, die Sie gemacht haben, Ihre Fähigkeit zu lernen, sich zu konzentrieren, kreativ zu sein, durchhalten zu können, humorvoll zu sein, zuhören zu können, etc.
Andererseits äußere Ressourcen, wie Geld, ein Freund, der sich in bestimmten Belangen gut auskennt, Beförderungsmittel, zusätzliche Informationen, ...)

„Wie kann ich die Ressourcen, die ich schon habe, am besten anwenden?"
(Klärung des Einsatzes von Ressourcen)
Nachdem Sie die Ressourcen identifiziert haben, überlegen Sie, wie und wann sie genutzt werden sollen. Einige werden jetzt hilfreich sein, andere werden vielleicht später angemessen sein.

„Was brauche ich noch?"
(Verfügbar machen der Ressourcen, die noch kaum oder nicht genutzt wurden)
Welche Ressourcen sind zur Erreichung des Ziels noch wichtig oder notwendig? Auch hier kann es sich, wie oben beschrieben, um innere oder äußere Ressourcen handeln.

„Was ist das Gute an dem, wie es jetzt ist?"
(Klärung der Guten Absicht - Was mich an den IST-Zustand bindet?)
In den meisten Fällen ist es so, dass es an der Jetzt-Situation (Problem) etwas „Gutes" gibt. Das haben wir uns meist nicht bewusst

gemacht, weil wir das „Negative“ daran oder das, was wir davon nicht mehr wollen, mehr im Auge haben. Dennoch ist es gerade das Gute (und mag es noch so „klein“ sein), was uns noch an das Problem bindet. Insofern ist es sehr wichtig, dieses Gute zu erkennen, um dann sicherzustellen, dass dieses „Gute“ im Ziel vorhanden ist, wenn auch manchmal in transformierter Form.

Wie aus den (später beschriebenen) Fallbeispielen deutlich wird, kann das „Gute am Problem“ sich durch die Bindung an eine bestimmte Person (oder Gruppe) ergeben. Wie „dieses Gute“ dann transformiert im Ziel enthalten ist (und sein muss), ist darin klar erkennbar.

Sie haben nun eine Vorstellung, wie sich Problemrahmen und Zielrahmen voneinander unterscheiden, genauso wie Sie ein Gefühl dafür bekommen haben, wie Sie durch den Zielrahmen gehen und wie diese Fragen Ihr Denken ausrichten.
Wichtig ist die Erkenntnis, dass der Zielrahmen eine Orientierung darstellt, eine Rahmenarbeit innerhalb der man etwas tun kann, nicht nur die Beantwortung einer Fragenfolge. Er ist um Möglichkeiten herum angeordnet und nicht um Einschränkungen. Vielleicht bemerken Sie auch beim Üben mit sich selbst und anderen, dass die Zielrahmenfragen mehr bewirken als nur Fragen zu beantworten. Führen Sie sich selbst mehrere Male durch den Zielrahmen, indem Sie sich jedes Mal ein anderes Ziel nehmen. In diesem Stadium können Sie die Antworten zu den Fragen niederschreiben. Nach einigen Durchgängen werden Sie jedoch herausfinden, dass Sie sich die Zielrahmenfragen automatisch stellen und mit einem Tempo und einer Mannigfaltigkeit von Möglichkeiten beantworten, die Sie überraschen wird.

Kurzfassung der Struktur des Zielrahmens

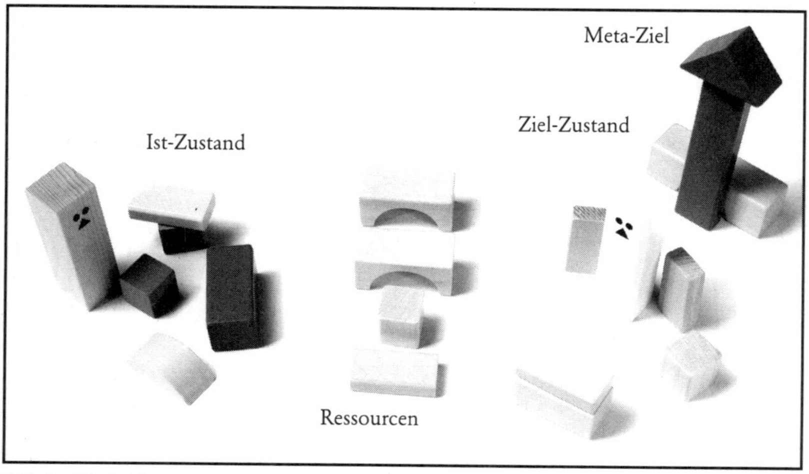

Bild: Zielrahmen strukturell dargestellt.

JETZT (Problem) - IST-Zustand

- *„Was ist Ihr Anliegen?"*
- *„Was ist der Jetzt-Zustand?"*
- *„Was ist genau das Problem?"*

Ziel - Erwünschter Zustand

- *„Was ist Ihr Ziel?"*
- *„Was möchten Sie erreichen?"*

Positiv formuliert (keine Verneinungen, keine Vergleiche) und unter der eigenen Kontrolle, handlungsorientiert und sinnesspezifisch beschrieben. Das Ziel, das genannt wird, ist nicht immer das, was der Fragende/Klient erreichen will, sondern nur das Mittel für das eigentliche Ziel, das Metaziel. Insofern ist es unter Umständen flexibel zu gestalten.

Kontext - Zusammenhang, Bezugsrahmen, Umgebung

- *„In welchen Bereichen wollen Sie Ihr Ziel erreichen?"*
  (Konkreter Bereich/Situation/en) WO?
- *„Mit welchen Personen ist Ihnen das wichtig?"* MIT WEM?
- *„Bei welchen Gelegenheiten?"* WANN?

Evidenz - Beweis des Zieles
= Augenscheinlichkeit, Deutlichkeit

- *„Woran werden Sie erkennen, dass Sie Ihr Ziel erreicht haben?"*
- *Was tun Sie, wenn Sie Ihr Ziel erreicht haben werden?*
  Zur genauen Konkretisierung nennen Sie ein exemplarisches Beispiel wo?, wann?, mit wem? Sie genau was?, wie? tun.

Diesbezügliche (Sub)Fragen sind:

- *„Wie ist Ihre Körperhaltung, wenn Sie es erreicht haben?"*
- *„Wie klingt Ihre Stimme dabei?"*
- *„Wie fühlen Sie sich dabei?"*

Meta - Ziel = Das Ziel, das hinter dem Ziel steht

- *„Wozu dient die Erreichung des Zieles?"*
- *„Was tut es Gutes für Sie, wenn Sie Ihr Ziel erreicht haben?"*

Ökologie = Systemische Überprüfung, ob das Ziel im Einklang mit den Lebensumständen ist - Konsequenzen, Auswirkungen

- *Was sind die positiven Auswirkungen in Ihrem Leben, wenn Sie Ihr Ziel erreicht haben?*
- *Was verändert sich für andere? (für Ihre Familie, für Ihren Beruf, für Ihre Freunde) d. h.:*
- *Wie reagieren die beteiligten Personen und welche Konsequenzen hat das für Sie?*
- *Was ist der Preis?*
  Was könnten mögliche negative Folgen sein? Für Sie selbst, bzw. durch die Reaktion Ihres Umfeldes bedingt? Auf das Umfeld direkt?
- *„Stimmen Sie diesen Folgen zu?"*
  „Wie gehen Sie mit diesen in Zukunft um?"

Ressourcen
(Innere Ressourcen können sein: gemachte Erfahrungen, spezifische Verhaltensmöglichkeiten, Fähigkeiten, Zustände, innere Haltungen, Überzeugungen ...
Äußere Ressourcen können sein: Geld, spezifische Informationen, Unterstützung durch bestimmte Personen ...)

- „*Welche Ressourcen stehen Ihnen bereits zur Verfügung?*“ (innere wie äußere)
- „*Wie können Sie diese nutzen?*“
- „*Welche Ressourcen müssen noch verfügbar gemacht werden?*“

Gute Absicht
(der Jetzt-Situation/ Problem)
- *Was ist das Gute daran, so wie es jetzt ist?* (Dies ist häufig eine wichtige Frage, weil es meist „einen guten Grund“ gibt, weshalb es so ist, wie es ist. Dieser Grund hat oft eine Schutzfunktion und diese muss im Ziel erhalten bleiben, wenn auch in veränderter Form. ODER das Problem sichert (unbewusst) die Beziehung zu einer bestimmten Person (oder Gruppe), dann ist diese Funktion zu erhalten, jedoch in einer konstruktiven Art und Weise.

3.2 Die „systemische Wissens-Ausrüstung“ zur Veränderung

Das Individuum, das System und die Kunst, ihr Zusammenwirken zu verstehen

Das System und seine Eigenschaften (allgemein)

Während analytische Verfahren ein Phänomen in viele Elemente zerlegen um deren Eigenschaften zu untersuchen, zielt der systemische Ansatz auf eine ganzheitliche Sicht der Dinge. Er schaut auf das Ganze in seiner Struktur und in seiner Dynamik.

Die Synthese der Beziehungsmuster und der daraus entstehenden Dynamik gibt dem „großen Ganzen“ eine neue Bedeutung. Diesem Wirkungsgefüge der Elemente entspricht der Begriff System.

Die wichtigste Eigenschaft eines Systems besteht darin, dass es aus verschiedenen Teilen besteht, die in einer gewissen Ordnung zueinander stehen und gewisse Bedeutungen und Funktionen füreinander haben.

Es handelt sich um ein System, wenn die Summe der Einzelteile einen anderen Charakter (Eigenschaften, Nutzen, Bestimmung) haben, als seine Bestandteile selbst. Dieser neue Charakter ergibt sich erst aus der Beziehung der einzelnen Teile zueinander.

Ein System hat eine abgegrenzte Struktur, die es von seiner Umwelt trennt. Seine Elemente weisen spezifische Eigenschaften auf und sind durch ein Kommunikationsnetz verbunden. Dieses Netz ermöglicht den Fluss von Energie, Material und Informationen zwischen den Elementen.

Daneben zeigt ein System einen funktionalen Aspekt, der sein Funktionieren durch das Fließen von Energie, Informationen und Elementen sicherstellt, die für seinen Bestand, seine Selbstorganisation, seine Reproduktion und seine Anpassung an die Umwelt sorgen.

Menschliche Beziehungen als systemisches Denkmodell

Die allgemeine Systemtheorie betrifft nicht nur mechanische, biologische oder ökonomische Systeme, sondern lässt sich auch auf menschliche Beziehungen anwenden.

Im Bereich des menschlichen Zusammenlebens bildet das Individuum - selbst ein biologisches System darstellend - seinerseits ein soziales Systemelement, zum Beispiel im System der Familie. Letzteres ist wiederum Bestandteil einer größeren Einheit, einer Hausgemeinschaft, einer sozialen Schicht, der Gesellschaft usw. Infolge der gleichzeitigen Zugehörigkeit zu unterschiedlichen Sozialsystemen, zum Beispiel zur Familie, zum Arbeitsplatz, zum Verein, zur Kirche, zur Schule usw., bewegt sich der Mensch als Individuum in einem schwer überschaubaren und ununterbrochen wechselnden Beziehungszusammenhang.

Offene Interaktionssysteme und ihre Eigenschaften

Gewöhnlich sind menschliche Systeme offen, das heißt, sie kommunizieren ständig mit der Umwelt. Daher kann man ein System mit seinem Kontext wiederum als System begreifen. Fasst man etwa die Interaktionen der Mitarbeiter einer Abteilung als System auf und stellt die Abteilung in den Rahmen des Gesamtunternehmens, dann wird sie diesem gegenüber zu einem Subsystem.

Wir haben es also mit einer Hierarchie zu tun, in der eine Ebene im Verhältnis zur nächst tieferen als Kontext und im Verhältnis zur nächst höheren als Element fungiert (zum Beispiel bildet die Abteilung den Kontext für die Interaktion zweier Mitarbeiter, und das System „Unternehmen“ wird als Interaktion der Abteilungen aufgefasst). Daraus folgt methodologisch, dass man bei der Untersuchung von Interaktionssystemen den jeweiligen Kontext der Interaktion berücksichtigen muss.

Wichtige systemische Grundannahmen

- Der einzelne Mensch ist immer Teil von verschiedensten Systemen. Er ist und bleibt Teil des Systems, aus dem er kommt (Ursprungsfamilie und ihr Eingebettetsein in weitere Systeme), und er ist Teil neuer - dazugekommener - Systeme, sei es Partnerschaft, neue Familie, Arbeitssystem, usw.

- Das Individuum ist ohne diese Einbettung in seine „Systeme“ nicht verstehbar. Deshalb sind auch die persönlichen oder beruflichen Zielsetzungen nur in diesem Zusammenhang realistisch angeh- und verwirklichbar.

- Wissenschaftliche Forschungen der letzten Jahre fanden heraus, dass das Idividuum nicht nur seine eigenen Lebenserfahrungen in sich trägt, sondern dass auch Erfahrungen anderer, zu deren System er gehört, in ihm wirksam sind. Der Einzelne trägt also in sich die gesamte Generationsgeschichte.

- Durch die „Aufstellungsarbeit“ hat sich herausstellt, dass der Einzelne sogar Zugang zu Information anderer Systeme/Elemente erlangen kann. Dieser Zugang ist kein rationaler (in dem über das andere System, eine andere Person oder ein Element nachgedacht wird), sondern es ist ein intuitives Erfassen, das „repräsentierende Wahrnehmung“ genannt wird. Grundvoraussetzung für das Erfassen von Information aus der repräsentierenden Wahrnehmung ist die Achtung und der Respekt vor der Person oder dem Element, das repräsentierend wahrgenommen wird.

3.3 Die Kräfte, die im System Familie wirken

Die im Folgenden beschriebenen Kräfte dienen dazu, das System Familie zusammenzuhalten, und ein konstruktives Funktionieren zu gewährleisten. Mitte der 70iger Jahre wurden diese Kräfte im Buch „Unsichtbare Bindungen" nach langer Forschungstätigkeit vom Therapeuten Bozormenyi-Nagy beschrieben. Bestätigt und um sehr viele wertvolle Erkenntnisse erweitert wurden diese von dem Therapeuten Bert Hellinger.
Die Einsicht in diese Systemkräfte sowie deren Anerkennung ist die Voraussetzung für die „Funktionsfähigkeit" von Systemen und den zwischenmenschlichen Beziehungen innerhalb dieser, sei es im privaten, sei es im beruflichen Bereich. Es sind uns vorgegebene Bedingungen, die wirksam sind. Wenn wir sie anerkennen und dementsprechend handeln, tragen und fördern sie uns. Wenn wir sie negieren, kommt es zu Störungen.

Innerhalb der Familie wirken die systemischen Grundbedürfnisse nach:

- Bindung
- Ordnung (Rangordnung): zeitliche Reihenfolge des Dazukommens
- Ausgleich von Geben und Nehmen
- Ordnung im Sinne von Vereinbarungen und Regeln

Sie ergeben eine vielfältige, ineinander wirkende Dynamik.

Alles, was in Familien geschieht, alle Interaktionen, können einem oder mehreren Bereichen zugleich zugeordnet werden. Alles ist Ausdruck bzw. Verwirklichung dieser systemischen Grunddynamiken. Das Familiensystem umfasst die mehrgenerationale Familie:

- Kinder und Geschwister
- Eltern und deren Geschwister,
- Großeltern und deren Geschwister
- Urgroßeltern usw.

Verstorbene und Totgeborene gehören ebenso dazu.

- Personen, die zwar nicht mit der Familie verwandt sind, aber für die Familie oder bestimmte Mitglieder der Familie sehr bedeutungsvoll sind bzw. waren. Zum Beispiel: frühere, verstorbene oder geschiedene Partner, alle Beziehungen unabhängig von der Dauer, aus denen ein Kind entstand. Personen, die die Existenz sehr unterstützten, sei es durch Besitz oder Geld oder Einfluss …

Jedes Familienmitglied befindet sich an seinem Platz, der sich im Laufe des Lebens meist erweitert. Zuerst ist man Sohn/Tochter/Schwester/Bruder, dann wird man Mutter/Vater. Bleibt Schwester/Bruder und wird dann schließlich Großmutter/Großvater … Selbst nach dem persönlichen Tod ist für das System diese Tatsache Tochter von …/Mutter von … gewesen zu sein, immer noch sehr real in dem System wirksam.

Bindung

Die Bindungskraft ist eng verbunden mit der primären Liebe. Da, wo wir herkommen, sind wir am meisten gebunden und lieben auch am meisten. So wie ein Baum nicht bestimmen kann, wo er wächst, und er sich unterschiedlich entwickeln wird, je nach dem, ob er in einem geschützen Tal, auf einem exponierten Berg oder im Wald steht. Genauso fügt sich das Kind fraglos in die Familie ein, in die es hineingeboren wird und ist dieser verbunden mit innigster Kraft und aller Konsequenz. Es erlebt die Bindung als Liebe und Glück, unabhängig davon, wie die Bedingungen sind. Das Kind bekommt durch die Eltern sein Leben und ist deshalb auch elementar an sie gebunden. Diese Bindung ist für das Kind nicht lösbar, selbst wenn es sich später distanzieren oder sogar völlig entfernen sollte. Das kleine Kind liebt seine Eltern so bedingungslos, dass es sich sogar schlimmste Erniedrigungen gefallen lässt. Es ist bereit, schweres Leid auf sich zu nehmen, wenn es nur die Eltern behalten darf.
Wie auch immer Eltern sich verhalten, das Kind wird sie immer in der Tiefe seiner Seele lieben, auch wenn später möglicherweise andere Gefühle wie Wut, Enttäuschung, Trauer darüber gelagert sind.

Die Eltern zu verlieren (wodurch auch immer), ist für das Kind schlimmer als selber zu sterben. Sollte es so sein, dass das Kind gar nicht mehr gegen diese schreckliche Wirklichkeit des Verlustes ankommt, dann nimmt es zur letzten Rettung Zuflucht: Es leugnet die Liebe und versucht sie zu ersticken. Damit erstickt es sich aber selbst. Es wird von der Urliebe oder primären Liebe gesprochen. Und die Störung innerhalb dieser wird die „unterbrochene Hinbewegung" genannt.

STÖRUNG DER BINDUNG:
Wenn diese ursprüngliche Liebe, die jedes Kind für seine Eltern empfindet, keine zugewandte Antwort erhält, dann wird die liebende Bewegung des Kindes unterbrochen und es entsteht ein emotionaler Knick in seiner Entwicklung. Dies passiert bei frühem Verlust der Eltern. Oder wenn es zum Beispiel durch einen Krankenhausaufenthalt für längere Zeit von den Eltern getrennt ist, dann erzeugt dies für das Kind unerträglichen Schmerz, den es in der Folge nie mehr erleben möchte. Deshalb zieht es sich innerlich zurück und wagt die Herzensbewegung hin zu den Eltern nicht mehr ganz zu tun (aus Schutz vor erneuter Verletzung). Dieser Schmerz der Unterbrechung wird häufig verdrängt und oft erst im erwachsenen Alter wieder belebt. Nämlich dann, wenn die Bindung zum anderen Geschlecht aufgebaut werden soll, und dies nicht möglich ist oder immer wieder scheitert. Wenn gespürt wird, dass in der Partnerschaft, oder auch in freundschaftlichen Beziehungen oder im Umgang mit dem eigenen Kind Gefühle und Zuneigung nicht auf die Art und Weise gefühlt, erlebt und gelebt werden können, wie man es sich wünschen würde, wird offenkundig, dass die tiefe Bindungsverletzung noch besteht und eine Lösung braucht.
Wenn eine „unterbrochene Hinbewegung" gelöst wird, wo sie entstanden ist, also zur Mutter oder zum Vater, dann findet der Betroffene durch den Schmerz hindurch doch zur Liebe zum entsprechenden Elternteil. Die Liebe wird spürbar, kann dann wieder fließen. Und nicht nur zu den Eltern, sondern auch in anderen Beziehungen.

Hinweis zum Erkennen bei der Methode mit Bausteinen könnte sein:

• wenn der Betroffene von einem Elternteil abgewandt ist

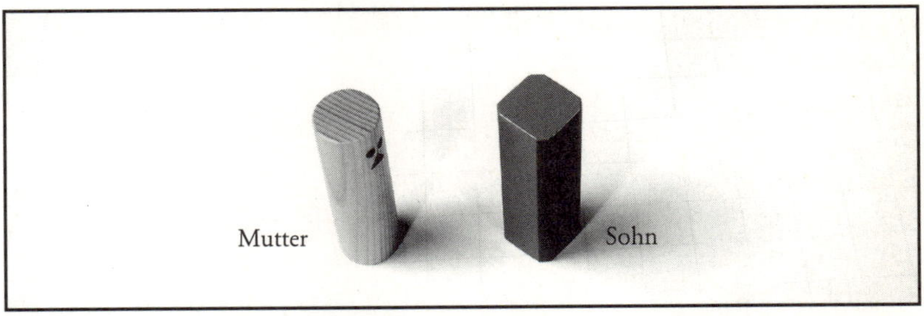

Bild: Aufstellung der Störung der Bindung. (Beispiel: Der Sohn ist von der Mutter abgewandt.)

• eine große Distanz besteht.

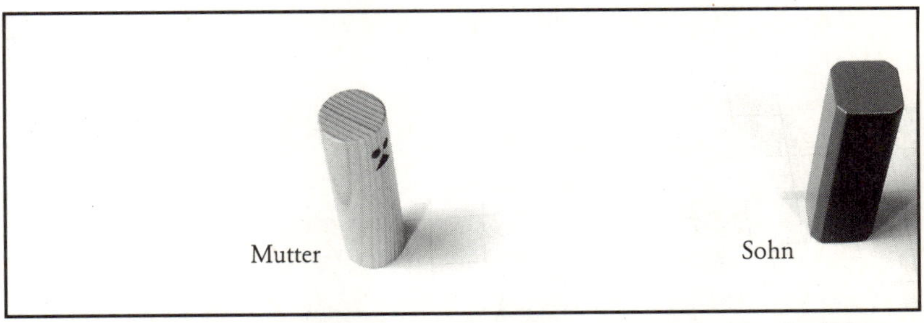

Bild: Aufstellung der Störung der Bindung. (Beispiel: Große Distanz vom Sohn zum Elternteil.)

WICHTIG:
Dies ist immer zu überprüfen durch die zu vollziehenden Schritte des:

1. von außen Wahrnehmens der Aufstellung und
2. des Hineinversetzens in die Person(en).

VORGEHENSWEISE ZUR LÖSUNG:
Ist die Hinwendung gestört, dann gilt es zuerst zu klären, weshalb dies passiert ist.

- Die Lösung ist nur möglich, wenn der enge Rahmen „Eltern und Kind" erweitert wird. Das heißt, wenn man die Situationen mit ihren Begleitumständen wahrnimmt.

Beispiel:
Der Fragende/Klient war als Kleinkind für längere Zeit im Krankenhaus auf der Intensivstation. Das daraus resultierende und in der Vergangenheit und Gegenwart immer wieder auftauchende Gefühl ist *„man lässt mich allein"* (ohne dass der Zusammenhang klar ist).

- Gegenüberstellung von Mutter und Kind (eventuell ein Baustein, der die Krankenhauszeit symbolisiert)
- Erkennen dieses Zusammenhanges.
- Erkennen der Notwendigkeit des Krankenhausaufenthaltes, dass die Mutter unter der Trennung mindestens genauso gelitten hat und dies anzuerkennen.
- Wahrzunehmen, dass dieses Ereignis lange vorbei ist und der Fragende/Klient dieses Gefühl *„man lässt mich allein"* in die Vergangenheit abfließen lassen kann (oder ausatmen) und in der Bausteinarbeit den das Gefühl symbolisierenden Stein in diese Krankenhausvergangenheit legt.
- Dadurch wird die Zuwendung zur Mutter wieder möglich und deren Liebe kann wieder angenommen werden. (Kann auch durch einen Baustein symbolisiert werden und ist natürlich Ressource.)

Sinngemäß kann auch vom Klienten noch gesagt werden, indem er die Mutter vor sich stehend visualisiert (und eventuell auch ihre Hand hält):
„Mama, das war eine traurige Zeit für mich. Ich war noch zu klein um zu verstehen, was eigentlich passierte. Ich habe das Gefühl gehabt, du lässt mich allein und ich war unendlich traurig.
Jetzt bin ich erwachsen und kann das Ganze sehen: nämlich, dass der Krankenhausaufenthalt notwendig war. Du hast mich nicht absichtlich

allein gelassen, es war eine Krankenhausverordnung und du hast selbst sehr darunter gelitten. Du warst sicher mit deinem Herzen bei mir. Doch das wichtigste ist, es ist vorbei! Ich lasse das Gefühl „man lässt mich allein" in der Vergangenheit und nehme dich (deine Liebe) anstatt dessen in mein Herz..." (umarmt die Mutter)

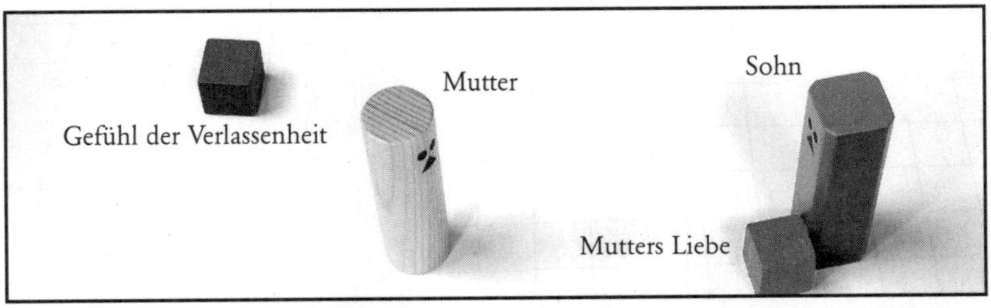

Bild: Lösungsaufstellung zur Störung der Bindung (bei beschriebenem Beispiel)

Ordnung im Sinne von Rangordnung

Sie wird bestimmt durch die zeitliche Reihenfolge des Dazukommens ins System. Klärt die Zuständigkeiten.

Durch das Hineingeboren werden in ein Familiensystem ist das Kind nicht nur an das System gebunden, sondern es wird auch an einen bestimmten Platz geboren. Es ist nicht änderbar das Kind seiner Eltern und die Eltern sind unausweichlich Eltern des Kindes. Es besteht ein Beziehungsgefüge, das bestimmt, wer in diesem System welchen Rangplatz hat. Dies ist natürlich genauso für die Reihe der Geschwister. Das Erstgeborene wird immer das erste Kind bleiben, wie dies für das zweite, dritte, usw. ebenso gilt.

Dieses Ordungsgefüge ergibt sich durch den zeitlichen Eintritt in das System. Über das durch die Zeit bestimmte Eintreten und Dazugehören zur Familie ergeben sich die jeweiligen Zuständigkeiten und wichtigen Interaktionsbedingungen. Deren Anerkennung und Beachtung ist grundsätzlich wichtig, wenn das System gut funktionieren soll. Das heißt für die Familie:
Zuerst sind die Eltern da als Paar und die Paarbeziehung hat Vorrang gegenüber der Elternbeziehung. Dies ist natürlich weder

qualitativ noch quantitativ zu sehen, denn jeder weiß, dass eine gute Paarbeziehung die Kraft zu guter Elternschaft stärkt und vor allem, dass Kinder sich am glücklichsten (und auch am sichersten) fühlen, wenn sich die Eltern als Paar lieben und einander zugetan sind.

Das Kind ist immer das Kind und nicht Partnerersatz, Vertrauter, stellvertretender Elternteil ...

Die Mutter ist die Mutter und nicht die Partnerin oder Freundin ...

Der Vater ist immer der Vater und nicht der Freund ...

Die Großeltern sind die Großeltern und nicht die Eltern ...

STÖRUNGEN DER ORDNUNG:

Eng mit der Ursprungsliebe hängen auch „Verstöße" gegen die Ursprungsordung zusammen. Ersetzt zum Beispiel ein Sohn den Mann bei der Mutter, wird er Partnerersatz. Das ist dann eine Rolle, die für den Sohn meist Schönes und Schwieriges in sich birgt. Schön, weil es ein Kind glücklich macht, einem Elternteil helfen zu können. Auch, weil damit die eigene Wichtigkeit bestätigt wird. Jedoch ist diese Aufgabe und Verantwortung viel zu groß und in letzter Konsequenz nicht wirklich erfüllbar und damit auch oft von einem Gefühl des Scheiterns begleitet. Das kann für das erwachsene Leben Auswirkungen verschiedenster Art haben, wie zum Beispiel, dass sich dieser „Partnerersatz-Mann" sein Leben lang über die Maßen für das Wohl der Mutter verantwortlich fühlt und die eigene Frau und Familie (falls überhaupt gegründet) immer die zweite Rolle spielt mit entsprechenden Folgen. Oder dass es immer „hilfs- oder rettungsbedürftige" Frauen sind, die als anziehend und liebenswert erlebt werden und diese „Rettung" nie gelingt.

Es kann sich aber auch ins Gegenteil verwandeln, nämlich so, dass daraus folgend im erwachsenen Alter jegliche Verantwortung gescheut wird.

Hat der Sohn einmal den Platz des Partners eingenommen, dann werden mögliche später dazukommende Stiefväter oft als Rivalen erlebt, was im späteren Erwachsenenleben häufig zu Männerrivalitäten (Autoritätsproblemen) führen kann.

Hinweis zum Erkennen bei der Methode mit Bausteinen könnte sein:

Der Betroffene stellt sich neben ein Familienmitglied der früheren Generation.
Zum Beispiel:

- Sohn steht neben der Mutter
- oder: Tochter steht neben dem Vater
- oder: Tochter steht neben dem Großvater
- usw.

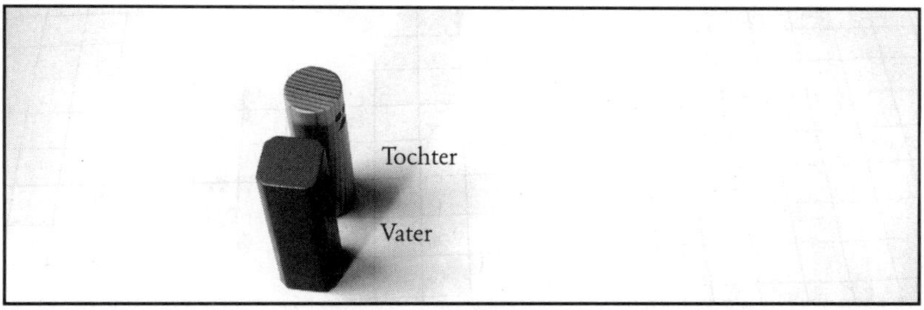

Bild: Aufstellung der Störung der Ordnung. (Beispiel: Tochter steht neben Vater.)

WICHTIG:
Dies ist immer zu überprüfen durch die zu vollziehenden Schritte des:

1. von außen Wahrnehmens der Aufstellung und
2. des Hineinversetzens in die Person(en).

Die beschriebene Störung kann in drei weiteren Arten auftreten:

- die Triangulierung
- die Parentifizierung
- der Geschwisterersatz

Die Triangulierung

Hauptsächlich beschreibt die Triangulierung den Prozess des „miteinbezogen Seins“ des Kindes in den Paarkonflikt der Eltern. Es kann dabei eindeutig auf eine Elternseite gezogen werden, genauso kann es aber auch der Fall sein, dass es einmal mit dem einen Elternteil, dann wieder mit dem anderen Elternteil eine Koalition eingeht, jeweils in der liebenden Absicht einem oder beiden zu helfen. Dies führt meist zu großen Loyalitätskonflikten, die sich in starken Spannungszuständen, Verzweiflung … äußern können.

Das Kind kann auch in andere Konfliktkonstellationen mit hineingezogen werden, zum Beispiel zwischen Mutter und Großmutter oder Vater und dessen Bruder … und dadurch mit ähnlichen Auswirkungen zu kämpfen haben.

Hinweis zum Erkennen bei der Methode mit Bausteinen könnte sein:

Der Betroffene stellt sich zwischen die Konfliktpartner.

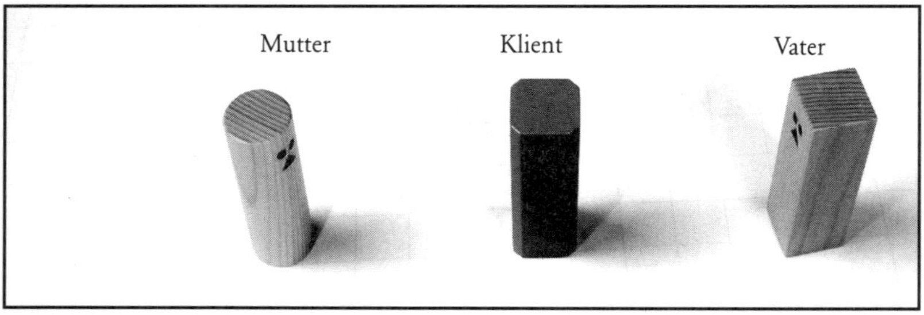

Bild: Aufstellung Triangulierung. (Beispiel: Klient steht zwischen den Eltern.)

WICHTIG:
Dies ist immer zu überprüfen durch die zu vollziehenden Schritte des:

1. von außen Wahrnehmens der Aufstellung und
2. des Hineinversetzens in die Person(en).

VORGEHENSWEISE ZUR LÖSUNG:
Wichtig ist die achtungsvolle Gegenüberstellung in guter Distanz zu den Konfliktpartnern.
Ist der Fragende/Klient der von der Triangulierung Betroffene, dann wird er aus dieser Position seine Eltern anschauen und respektvoll sinngemäß sagen:
„Ihr seid meine Eltern und ich bin euer Kind. Und wie ihr beide eure Beziehung als Paar miteinander lebt, ist nur eure Sache und geht auch nur euch beide etwas an. Ich mische mich nicht ein (halte mich heraus)."

Das durch die Einmischung entstandene Gefühl lässt man abfließen oder atmet es aus. (Und in unserer Arbeit wird dieser Schritt wieder durch einen Baustein, der nun hinter die Eltern gestellt wird, symbolisiert.)

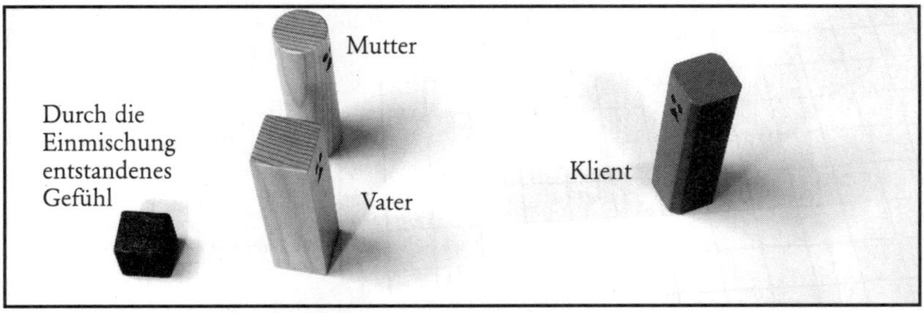

Bild: Lösungsaufstellung zur Triangulierung.

<u>Nun der Sachverhalt aus der Position einer Mutter,</u> wenn diese in Beratung ist, weil sie wahrgenommen hat, dass das Kind den Paarkonflikt mitträgt. Die Mutter sagt sinngemäß: *„Dein Vater und ich haben einen Konflikt, das geht jedoch nur uns beide etwas an. Du hast damit absolut nichts zu tun, du hältst dich da raus. Dein Vater und ich regeln das ganz alleine. Du sollst es dir gut gehen lassen."*

Der gleiche Vorgang gilt auch zur Lösung für Konflikte zwischen anderen Familienmitgliedern.

Die Parentifizierung

Die Parentifizierung beschreibt den Prozess, wenn ein Kind für die Mutter oder den Vater die Elternrolle übernimmt. Das passiert häufig, wenn einer von den beiden die eigene Mutter oder den eigenen Vater früh verloren hat. Dieser Mangel wird vom Kind sehr bald erspürt und in der bereits beschriebenen kindlichen Liebe aufgegriffen und wieder gut zu machen versucht. Auch wenn der Vater/die Mutter aus anderen Gründen leidend oder schwach sind und das Kind glaubt, dass sie Unterstützung bräuchten, ist es bereit in diese (elterliche) Fürsorgerolle zu schlüpfen.
Im Erwachsenenalter hat dies dann zur Folge, dass man sich meist für alles und jeden verantwortlich fühlt bzw. man fast immer und überall glaubt „einspringen" zu müssen.

<u>Hinweis zum Erkennen</u> bei der Methode mit Bausteinen könnte sein:

Der Betroffene stellt sich meist hinter den Elternteil, manchmal an die Seite und gegebenenfalls auch (schützend) davor.

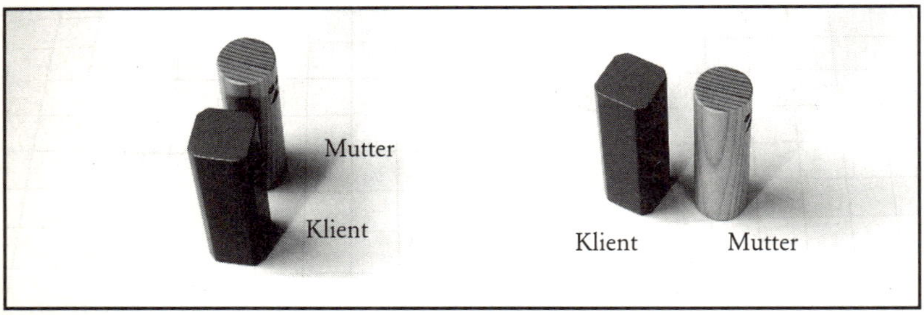

Bild: Aufstellung Parentifizierung. (Beispiel: Der Betroffene steht neben der Mutter ODER hinter der Mutter. Er könnte auch vor ihr stehen.)

VORGEHENSWEISE ZUR LÖSUNG:
Begonnen wird wieder mit der achtungsvollen Gegenüberstellung mit dem Elternteil, für den man diese Rolle eingenommen hat (Visualisierung). Es folgt die Anerkennung dessen, was schwer bzw. schwierig für den Elternteil war, und das Anerkennen der Einsicht, dass diese Funktion nicht eingenommen werden kann. (Anerkennung der Ordnung der Rangfolge, Klärung der Zuständigkeiten).
Sinngemäß wird folgendes gesagt:
„Mama, ich anerkenne, wie schwer es für dich gewesen sein muss, deine Mutter so früh zu verlieren und wie sehr sie dir sicher gefehlt hat. Doch ich anerkenne auch, dass ich dir deine Mutter nicht ersetzen kann, denn ich bin ja „dein Kind" und kann somit niemals deine Mutter sein. Was uns beide anbelangt, bist du die Große und ich der Kleine. Du bist meine Mutter und ich bin dein Kind."

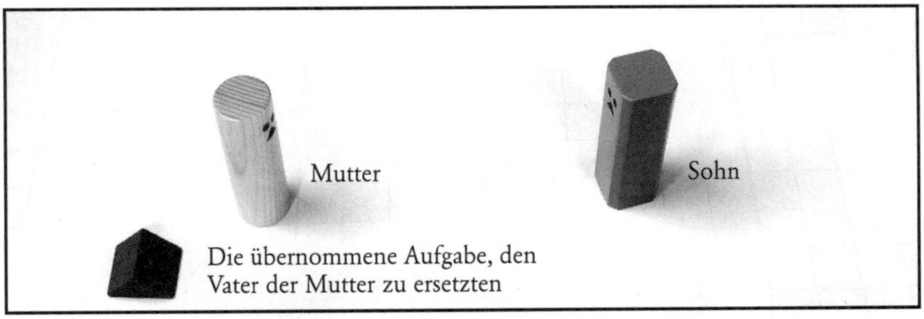

Bild: Lösungsaufstellung zur Parentifizierung. (Hier kann hinter die Mutter auch noch deren Vater gestellt werden.)

Ist die Betroffene (Klientin) die Mutter und nimmt diese wahr, dass ihre Tochter die Position ihrer Mutter (also ihr Kind die Position der Großmutter) eingenommen hat, dann lautet der mögliche Lösungssatz sinngemäß: *„Du bist meine Tochter und kannst nur meine Tochter sein und bleiben. Auch wenn mir meine Mutter sehr gefehlt hat, ist es unmöglich, dass du sie ersetzt."*
Das Gleiche gilt, wenn sich dies auf den Vater oder ein anderes Familienmitglied bezieht.

Der Geschwisterersatz

Der „Ersatz für ein Geschwister-Sein“ beschreibt den Prozess, wenn ein Kind den Platz (die Rolle) für ein „fehlendes“ Geschwister (durch Tod oder Ausschluss) übernimmt.

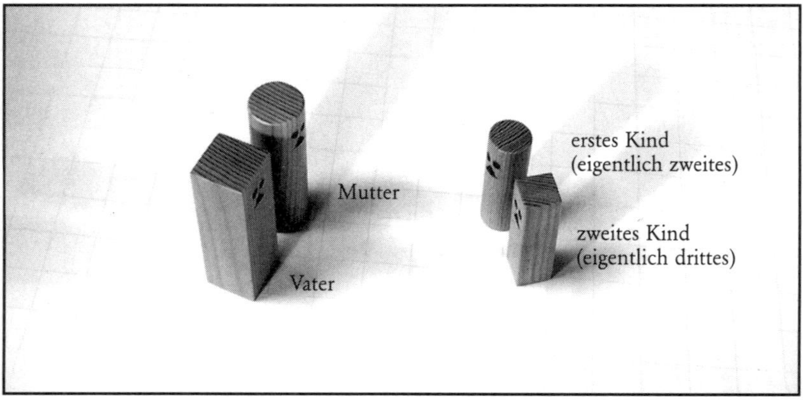

Bild: Aufstellung Geschwistererersatz.

Die Lösung besteht im „Hereinnehmen“ des Geschwisters an seinen ihm gebührenden Platz und in der Würdigung seines Schicksales (siehe Fallbeispiel Kapitel 5.3)

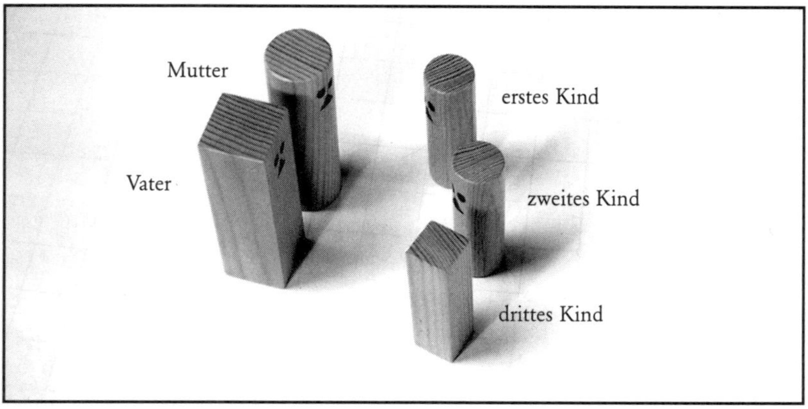

Bild: Lösungsaufstellung zum Geschwistererersatz.

Eng verknüpft mit der Bindung und Rangordnung ist der Ausgleich von Geben und Nehmen.

Der Ausgleich von Geben und Nehmen

Dem Austausch von Geben und Nehmen kommt eine **Grundfunktion** zu, da das Geben und Nehmen in all seine Facetten von Kommunikation und Interaktion die Beziehungen und somit das System am Leben erhält.
Jedes Geben erzeugt ein Nehmen und wer genommen hat, will auch wieder geben.
Wenn das Ziel, nämlich der Ausgleich, erreicht ist, dann drängt es wieder ins nächste Geben und Nehmen. Würde das Geben und Nehmen eingestellt werden, käme es zur Störung, bis hin zur Erstarrung der Beziehung.

Das Ausmaß, der Umsatz bzw. die Art und Weise des Austausches von Geben und Nehmen wird bestimmt durch die Rangordnung, was heißt: die unterschiedlichen Zuständigkeiten.

In der Beziehung zwischen Eltern und Kindern findet ein andauernder Austausch statt. Wobei hier die Eltern hauptsächlich geben und die Kinder nehmen. Die Eltern ziehen die Kinder groß, behüten sie, versorgen sie, fördern sie... Die Kinder bereiten den Eltern natürlich Freude, doch ist das Ziel des Gebens und Nehmens nicht der Ausgleich.
In der Beziehung zwischen Eltern und Kindern ist das elementarste Geschehen das Geben des Lebens. Dadurch ergibt sich ein Gefälle, das nicht aufgehoben werden kann. Das Geschenk des Lebens kann niemals ausgeglichen werden. Sollte da ein Ausgleich hergestellt werden wollen, so ist das naturgemäß nicht nur zum Scheitern verurteilt, sondern es ergibt sich daraus eine Störung des Systems. Denn hier erfolgt der Ausgleich durch die Weitergabe des Lebens und steht somit in dessen Dienst. Dennoch bleibt es die Aufgabe der Kinder, wenn die Eltern alt sind, die notwendige Fürsorge für sie zu tragen.

Der Austausch von Geben und Nehmen, bezogen auf die Geschwister, folgt auch dieser Ordnung (von oben nach unten verlaufend). Sie geben den jüngeren Geschwistern im Sinne des Lernens, Zeigens, etc..

STÖRUNGEN:

Die Störungen des Prozesses des Gebens und Nehmens werden:

- in der Bindungsstörung der „unterbrochenen Hinbewegung" (Kapitel 3.3/Bindung) beschrieben. Durch die „unterbrochene Hinbewegung" zu einem Elternteil wird die innere Möglichkeit (Bereitschaft) zu einem gesunden, ausgewogenen Ausmaß von Geben und Nehmen sehr eingeschränkt. Und es ergeben sich die bereits beschriebenen Folgen.

- in der Störung der Rangordung (Kap. 3.3/Rangordnung) beschrieben. Durch das Einnehmen eines Platzes (Position) im System, das nicht dem tatsächlichen Platz entspricht (bestimmt durch den zeitlichen Eintritt in das System und den sich daraus ergebenden Zuständigkeiten), werden Verantwortungen übernommen, die nicht gemäß sind. Und es ergeben sich die bereits beschriebenen Folgen.

VORGEHENSWEISE ZUR LÖSUNG

Was immer zuerst im (Coaching-) Prozess zu klären ist, ist die Rolle der zu fragenden Person. Ist sie als Mutter/Vater oder Tochter/Sohn als Lebensgefährte oder mehr-funktionell hier. Dies ist wichtig, weil die Vorgehensweise durch die Rolle bestimmt wird. Die Interventionen verlaufen je nach Rolle unterschiedlich.

Durch die mit den vorher beschriebenen Schritten der „Wieder-Hinwendung" bzw. „das Einnehmen des richtigen Platzes" ist dieser Prozess „in Ordnung" gebracht und damit auch das, den jeweiligen Positionen entsprechende, Geben und Nehmen.

Wenn das „erwachsene Kind" seinen Eltern für das Leben und für alles, was es bekommen hat, dankt, dann ist das ein Zeichen dafür, dass die Gaben wirklich genommen wurden. Somit stehen diese auch im Leben zur Verfügung.

Das vierte Grundbedürfnis, das Bedürfnis nach Ordnung, Regeln bzw. Vereinbarungen wirkt steuernd zur Erfüllung von Bindung, Ordnung und Ausgleich.

Ordnung im Sinne von Regeln und Vereinbarungen

Erst Regeln und Vereinbarungen bewirken, dass ein Familiensystem funktioniert. Kinder, die ohne Regeln erzogen werden, fühlen sich verunsichert und werden – wie die antiautoritäre Erziehung zeigte – aggressiv. Das Einhalten der Vereinbarungen sichert die Zugehörigkeit (Bindung). Jedes Kind spürt instinktiv, dass es Grenzen geben muss, und gibt keine Ruhe, bevor es nicht erfahren hat, womit diese erreicht sind.

Dasselbe gilt für die Paarbeziehung. Gemeinsam gefundene Vereinbarungen im Bezug auf Beziehungsgestaltung und Zusammenleben und deren bestmöglichste Einhaltung erleichtern das Funktionieren der Beziehung. Dies wird als Indikator für Verlässlichkeit und Engagement erlebt, was zu gegenseitigem Vertrauen und sich geschätzt und geliebt fühlen führt.
Bei der Gestaltung der Vereinbarungen ist auf den Ausgleich zu achten, sodass beide gleich viel „gewinnen“ und „verlieren“. Dies ist nicht buchhalterisch zu verstehen. Die Vereinbarungen unterliegen Wandlungen, da das gemeinsame Leben immer wieder größeren Veränderungen (Liebespaar, Ehepaar, Eltern von Kleinkindern, pubertierenden Kindern…) unterworfen ist, wo es Anpassungsvereinbarungen bedarf.

STÖRUNGEN:
Störungen ergeben sich bei nicht vorhandenen oder unklaren Vereinbarungen. Wenn die Konsequenzen bei Nichtbeachtung unklar sind bzw. wenn diese nicht eingehalten werden.

VORGEHENSWEISE ZUR LÖSUNG:
Was wieder zuerst im Coachingprozess zu klären ist, ist die Rolle der zu coachenden Person. Ist sie als Mutter/Vater oder Tochter/Sohn … Lebensgefährte oder mehrfunktionell hier. Dies ist wichtig, weil die Vorgehensweise durch die Rolle bestimmt wird. Die Interventionen verlaufen ja nach Rolle unterschiedlich.

Die Eltern müssen die Konsequenz für die „Übertretung“ der Vereinbarung einhalten. Vielleicht etwas milder als angekündigt, aber

dennoch. Dadurch werden sie ernst genommen, der „Ausgleich" ist getätigt und es kann im „Guten" weitergehen. (Ohne Ausgleich werden „Schuldbonusse" gesammelt, was zu Frustrationen... führt.)
Auch in der partnerschaftlichen Beziehung ist der Ausgleich wichtig. Derjenige, der gegen die Vereinbarung gehandelt hat, sorgt für die Wiedergutmachung.

Die Bindungskräfte, das Ordnungsgefüge, der Ausgleich von Geben und Nehmen und die Vereinbarungen wirken immer zusammen. Die Mitglieder des jeweiligen Systems sind um ein Gleichgewicht bemüht, ohne dass es möglich wird, allen vier Dynamiken in gleicher Weise gerecht zu werden, da es kaum eine Handlung gibt, die sich isoliert einem der Bereiche zuordnen lässt. Erschwerend kommt hinzu, dass das System Familie in seinen Interaktionen nie bei Null anfangen kann. In jedem neuen System bringen die Mitglieder ihre Systemgeschichte mit (beim Paar/Eltern die Geschichte jeweils ihrer Herkunftsfamilie), mit den von dort verinnerlichten systemischen Bedingungen (Störungen).

3.4 Die Systembedingungen, die in der Familie wirken

Neben Systemkräften gelten auch sehr konkrete Bedingungen, die für das Gelingen systemischer Beziehungen offensichtlich erfüllt sein müssen.

Die Bedingungen sind:

- das Recht auf Zugehörigkeit
- das Gesetz der vollen Zahl
- das Gesetz des Vorranges des Früheren
- die Anerkennung der Vergänglichkeit

Das Recht auf Zugehörigkeit

Dieses Recht beinhaltet, dass alle, die Mitglieder des Systems sind, dazugehören und dazugehören dürfen. Niemand hat einen größeren Anspruch als jemand anderer darauf, zur Familie zu gehören. In der Zugehörigkeit müssen alle gleichermaßen als zugehörig anerkannt werden. Erst dann ist das System diesbezüglich in Ordnung.
Dazugehörig: Alle Kinder, auch verstorbene, totgeborene, außereheliche ..., Eltern, deren Geschwister, Großeltern, deren Geschwister, Urgroßeltern ...
Ebenso frühere Partner ...
Personen, die zwar nicht mit der Familie verwandt sind, aber dennoch bedeutungsvoll, zum Beispiel frühere oder verstorbene Partner, alle Beziehungen, aus denen ein Kind entstand. Personen, die die Existenz der Familie sehr unterstützten, sei es durch Besitz, Geld oder Einfluss.

Das Gesetz der vollen Zahl

Dieses Gesetzt ergibt sich aus dem Recht auf Zugehörigkeit. Denn erst dann, wenn alle, die zum System gehören, ihren Platz haben und gewürdigt sind, ist das System in Ordnung.

Das Gesetz des Vorrangs des Früheren

Damit ist die zeitliche Strukturierung der Rangfolge gemeint. Vorrang der früheren Generationsmitglieder sowie der Eltern vor den Kindern und der älteren vor den jüngeren Geschwistern. Diese Form des Vorrangs bestimmt keine Wertigkeiten, sondern setzt die Maßstäbe für das Geben und Nehmen in Bezug auf klare Unterscheidungen von Zuständigkeiten.

Die Anerkennung der Vergänglichkeit

Damit ist gemeint, dass das System, sowie der Einzelne im System für alle Bedingungen die Grenze und das Maß findet.
Wir alle kennen es aus der persönlichen oder der uns umgebenden Geschichte, wenn unter dem Druck eines blinden Ausgleichsbedürfnisses das Böse kein Ende nimmt. Wenn zum Beispiel über Generationen „Schlimmstes" passiert, weil ein „Unrecht" immer wieder aufs neue gerächt wird. Diesem dumpfen Ausgleichsbedürfniss im Bösen kann nur entgangen werden, wenn der schlimme Ausgleich durch einen guten ersetzt wird. Und das gelingt, wenn man die Menschen, denen Unrecht geschah, wahrnimmt, im wahrsten Sinne des Wortes, denn dann muss man erkennen, dass deren Leid umsonst war bzw. um noch vieles verschlimmert wird, wenn es von einem anderen gerächt und dadurch neues Leid erzeugt wird. Das kann niemals im Interesse des Menschen sein, der gelitten hat. Das heißt, dass die Späteren die Frühern nicht rächen oder für sie sühnen, sondern von ihnen die Gaben nehmen, sie und die Gaben ehren. (Ohne den Preis, den die Früheren zahlen mussten). Die „wirklich Betroffenen" behalten dadurch, dass sie ihr Schicksal selbst tragen dürfen, ihre Würde. Und das Vergangene darf vorbei sein.
Entwicklung und Wachstum entfalten sich erst, wenn Vergangenes vorbei sein darf.

Das Entstehen von Störungen in Bezug auf Systembedingungen

Geraten die Dynamiken von Bindung, Ordnung und Ausgleich in Bezug auf die genannten Systembedingungen in der gegenwärtigen oder in einer vorherigen Generation in ein Ungleichgewicht, so kann das zur Folge haben, dass ein (späteres) Mitglied des Systems (unbewusst) versucht, das Gleichgewicht für das System wieder herzustellen. Davon abhängig, in welche Richtung hier ein „Verstoß" gegen die Bedingungen gelebt wurde, können diese für den Ausgleich sorgenden Handlungen in unterschiedlichen Arten der „Verstrickung" beschrieben werden:

Identifizierung und Übernahme

Identifizierung

Darunter sind Eigenschaften, innere Haltungen, Einstellungen, Verhaltensweisen und andere Aspekte gemeint, mit denen sich ein Mensch mit einem anderen Menschen identifiziert. Was heißt, dass diese von einer anderen Person in die eigene Person einverleibt werden. Es besteht dann in Bezug auf den einen (oder auf mehrere) Aspekt(e) kein Unterschied mehr zwischen den zwei Personen. Dies führt in den betroffenen Belangen zu einer Form von Selbstentfremdung.
Begründet ist die Identifizierung am häufigsten durch die meist unbewusst übernommene Stellvertreterschaft eines ausgeschlossenen Mitglieds des Systems, ebenso wie auch in der zugeschriebenen oder selbst erwählten Stellvertreterschaft eines Systemmitglieds:
„Du bist wie deine Großmutter"
„Du bist wie dein Vater"
„Genau wie deine Mutter…"
„Das hat Tante Erna genauso gemacht…"

Auch in der liebenden Verbundenheit kommt es bewusst oder unbewusst zu Identifikationen. *(z.B: „Mama, ich mache es wie du!")* Ablehnung hat sehr oft die gleiche Auswirkung. *„Ich möchte nie werden wie meine Mutter!"* – führt meist dazu, dass genau das passiert.

Übernahme

Ist ein Systemmitglied mit einem früheren (vorgeordneten) verbunden, wie zum Beispiel ein Kind mit der Mutter oder Großmutter und erfährt oder erlebt die Schwere ihres Schicksals, das Leiden, den Kummer mit ... so kann beim Kind die Tendenz entstehen, dies zu übernehmen. Es tut dies in der kindlichen Hoffnung, die Person, mit der es sich verbunden fühlt, dadurch von Schwere, Leiden, Kummer, Unglück, Last ... zu befreien. Das Gefühl allmächtig zu sein und das magische Denken lässt das Kind glauben, dass es auf diese Art helfen kann. Und es wünscht sich nichts sehnlicher, als das zu tun.
Auch ist die Art und Weise, in der das Übernehmen vollzogen wird, nicht unbedingt immer an das Thema der Person gebunden von der es übernommen wird. Es kann sich auch in Krankheit, Versagen, Verzicht ... äußern.
Dies kann unter Umständen auch bei Geschwistern der Fall sein. Wenn ein Bruder oder eine Schwester krank oder behindert ist, führt das häufig dazu, dass eines der Geschwister (manchmal auch alle) sich einschränkt d.h. im Leben auf einiges verzichtet um den Ausgleich zu schaffen.

Hinweis zum Erkennen bei der Methode mit Bausteinen könnte sein:

Meist ist der Fragende/Klient auf diese Person ausgerichtet. Sie kann aber auch neben ihm oder hinter ihm stehen.

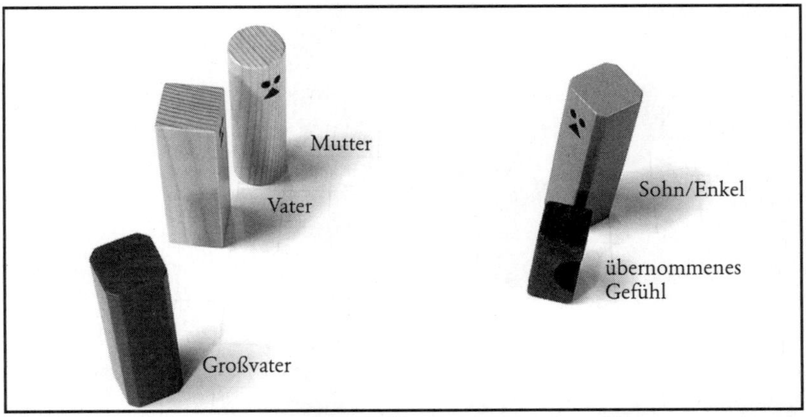

Bild: Aufstellung Übernahme. (Beispiel: Enkel übernahm Gefühl von Großvater)

WICHTIG:
Dies ist immer zu überprüfen durch die zu vollziehenden Schritte des:

1. von außen Wahrnehmens der Aufstellung und
2. des Hineinversetzens in die Person(en).

VORGEHENSWEISE ZUR LÖSUNG:
Wichtig ist die klare Unterscheidung zwischen sich selbst (dem, der/die etwas übernommen hat) bzw. identifiziert ist und der anderen Person (von der übernommen wurde) in achtungsvoller Gegenüberstellung.
Dann bezieht sich der Betroffene auf den spezifischen Aspekt der Identifikation, bzw. auf das, was übernommen wurde.

Das kann sein:

- eine Rolle (Versager, Spieler, Frauenheld …)
- ein Gefühl (Trauer, Sehnsucht, Wut, Verlustangst …)
- eine Einstellung (benachteiligt, wertlos, alleine gelassen zu sein …)
- eine Pflicht (immer für Alle alles zu tun …)
- eine Schuld …
- usw.

Es ist hilfreich zu orten, wo im oder am Körper „das übernommene" wahrgenommen/gespürt wird, um es dann von da „abfließen" zu lassen oder ausatmen zu können. Dies geschieht am besten in einer Verneigung vor der Person und deren Schicksal. Das kann in dieser Arbeit visualisiert werden und danach wird ein „Baustein", der das „Übernommene" symbolisiert, von einem selbst zu der Person, deren Schicksal es betrift, gestellt.

Dies kann sinngemäß mit folgenden Worten begleitet werden:
„Du bist mein Großvater (Vater, Tante, Schwester …). Ich achte und würdige dein schweres Schicksal und die Not, die du leiden musstest und die traurigen Folgen, die das für dich hatte.
In kindlicher Liebe glaubte ich dir helfen zu können, wenn ich deine Traurigkeit (oder ...) auf mich nehme. Ich glaubte, das entlastet dich und das wollte ich gerne für dich tun. Doch jetzt bin ich erwachsen und sehe ein, dass dies so nicht möglich ist. Ich kann dir deine Traurigkeit und dein Schicksal nicht abnehmen und so lasse ich dieses Gefühl nun zu deinem Schicksal gehörig in deinem Leben (in deiner Vergangenheit).
Doch was ich gerne mitnehme, sind die schönen Erinnerungen an die gemeinsam Stunden, wo du mir viel Liebe und Geborgenheit gegeben hast."
In der Arbeit kann dann ein entsprechender Baustein als Ressource (Liebe, Geborgenheit …) zum Betroffenen (Klienten) gestellt werden.

Bild: Lösungsaufstellung zur Übernahme.

Nun Beschreibung des Sachverhaltes aus der Position eines Vaters, d.h. wenn es der Vater ist, der beraten wird, weil er wahrnimmt, dass sein Kind offensichtlich von ihm (zum Beispiel) die Traurigkeit übernimmt:
Er sagt klar und deutlich zu seinem Sohn sinngemäß: „Es gibt gewisse Ereignisse in meinem Leben, die traurig waren. Mir ist wichtig, dass du weißt, dass ich damit alleine zurecht komme. Du hast damit nichts zu tun, du kannst mir davon nichts abnehmen, du brauchst dich nur mit dem beschäftigen, was deine Angelegenheiten sind …. Ich freue mich, wenn es dir gut geht … Das ist nämlich das Beste, was du für mich tun kannst.“
Der gleiche Vorgang gilt immer zur „Lösung“ von Übernommenem. Inhaltlich ist dieser den Gegebenheiten anzupassen

Nachfolge

Wenn ein Mitglied des Systems durch Krankheit, im Krieg, durch Unfall... „früh“ gestorben ist, dann kann ein anders Mitglied sich (tendenziell) in den Tod (nach) gezogen fühlen. Das kann sich in Suizidversuchen zeigen, in auffälliger Unfallbereitschaft oder riskanter Lebensart, auch in Krankheit oder dem Leben gegenüber verschlossen zu bleiben.

<u>Hinweis zum Erkennen</u> bei der Methode mit Bausteinen könnte sein:

Der Betroffene steht in direkter Linie hinter dem Verstorbenen und blickt ihm nach.

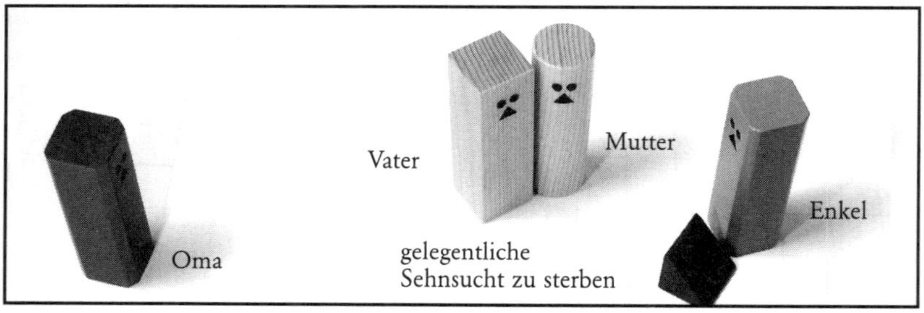

Bild: Aufstellung Nachfolge. Die Großmutter könnte auch in die Gegenrichtung blicken. (Beispiel: Enkel fühlt sich – tendentiell – zur Großmutter hingezogen)

WICHTIG:
Dies ist immer zu überprüfen durch die zu vollziehenden Schritte des:

1. von außen Wahrnehmens der Aufstellung und
2. des Hineinversetzens in die Person(en).

VORGEHENSWEISE ZU LÖSUNG:
Achtungsvolle Gegenüberstellung von Betroffenem und verstorbener Person.
Sinngemäß kann zum Beispiel dann gesagt werden: *„Du bist meine Großmutter, die ich so geliebt habe. Und Dein plötzlicher Tod, als ich acht*

Jahre alt war, hat mich sehr geschmerzt (und ein Teil vom mir ist mir Dir gegangen / einen Teil von mir zieht es zu Dir). Doch wenn ich Dich jetzt so wahrnehme, dann weiß ich und spüre ich, dass Du willst, dass ich lebe und mich des Lebens freue! Und mit Deinem Segen mache ich das gerne. Besonders Dir zum Andenken. (Du hast einen großen Platz in meinem Herzen...)"

Bild: Lösungsaufstellung Nachfolge.

Mit diesem Vollzug geht die Nachfolgetendenz zu Fall und mitgenommen wird (als Ressource) die Großmutter im Herz / der Segen / das ihr gegebene Versprechen.

Ist eine Person in Beratung, die die Nachfolgetendenz beim Kind wahrnimmt, so sagt sie in der achtungs- und liebevollen Gegenüberstellung: *„Deine Großmutter* (oder wer auch immer der Verstorbene sei) *ist leider unerwartet gestorben. Das schmerzt Dich und Du vermisst sie. Und du möchtest sie wiederhaben oder bei ihr sein. Ich verstehe das. Aber Du musst Dir die Großmutter vorstellen. Dort, wo sie jetzt ist, ist sie traurig, wenn Du traurig bist, weil sie gestorben ist. Und sie ist froh und glücklich, wenn es Dir gut geht und Du Dich am Leben freust! Damit machst Du ihr ein großes Geschenk. Und in Deinem Herzen hat sie ja einen großen Platz und begleitet dich."*

3.5 Wichtiges zu Verstrickungen

Unabhängig davon, ob es sich bei Verstrickungen um Identifikationen, Übernahmen, Nachfolgen, Negierung der Rangordnung usw. handelt, ist es wichtig zu verstehen, dass die Handlungen, die daraus entstehen, immer von zweifacher Motivation getragen sind, die jedoch aus verschiedenen Ebenen kommen.
Einerseits aus der persönlich-bewussten Ebene, die rational (vernünftig) Auskunft über das „Warum?" und „Wozu?" der Handlung geben kann und andererseits der systemisch bedingten unbewussten Ebene, die der Person nicht zugänglich ist. So ist die Geschichte des Systems, aus dem wir kommen, durch unsere Identität immer gegenwärtig. Doch ist uns dies in den seltensten Fällen bewusst. Die meisten Menschen gehen davon aus, dass das, was sie tun, frei entschieden ist. Das ist eine Vorstellung, die dadurch bestärkt wird, dass sich meist gute rationale Begründungen finden. Sie können im einzelnen Fall auch richtig sein als subjektives Motiv, doch der tiefer liegende Beweggrund bleibt unerkannt.
Verstrickungen sind unbewusste Versuche, mit denen das einzelne Systemmitglied auf Ungleichgewichtszustände innerhalb des Systems reagiert. Damit dient es der Homöostase des Systems.

Diese ans Licht (ins Bewusstsein) zu bringen und einer Lösung zuzuführen (wie beschrieben), ist von essenzieller Bedeutung um Veränderungen möglich und nachhaltig zu machen.

3.6 Das Verstehen der Gefühle

Gefühle spielen eine wichtige Rolle in unserem Leben, denn sie bestimmen die Qualität des Erlebens der jeweiligen Situation. Sie bestimmen unser Denken und unser Verhalten mit. Sie haben ihre Wirkung auf die Umwelt.
Für ein besseres Verständnis unserer eigenen Person, sowie zur Vereinfachung der Veränderung ist es sinnvoll, Gefühle unter folgenden Aspekten wahrzunehmen bzw. zu unterscheiden:

- Primäre Gefühle
- Meta-Gefühle
- Sekundäre Gefühle
- Fremde (übernommene) Gefühle

Primäre Gefühle und Metagefühle sind situationsadäquate Reaktionen. Sie können auch als vergangene Erfahrungen gut als Ressourcen im Veränderungsprozess genützt werden.
Sekundäre bzw. fremde (übernommene) Gefühle wirken meist hemmend und schränken uns in unserer Handlungsfreiheit ein.
Sie zu identifizieren und zu transformieren ergibt mehr inneren Frieden und mehr Handlungsspielraum.

Primäres Gefühl

Dieses entsteht in uns durch die achtungsvolle Wahrnehmung dessen, was ist. Das primäre Gefühl ist eine direkte, unmittelbare, innere Reaktion als adäquate Antwort auf eine Situation, ein Ereignis.
Man ist dabei präsent, bei sich und gleichzeitig den anderen zugewandt. Das Gefühl ist der Situation angemessen, eindeutig, füllt in dem Moment aus und führt zu angemessener Handlung.
In seiner Wirkung berührt es auch andere und bringt Menschen einander nahe, ohne dass sich jemand zu etwas gedrängt, verführt oder in etwas hineingezogen fühlt.

Beispiele:
Man trifft einen Freund, spürt Freude über das Wiedersehen, nimmt ihn in die Arme.
Man bekommt für getane Arbeit Lob. Spürt Freude und Zufriedenheit und bedankt sich für die Anerkennung.
Man teilt einen Arbeitsraum mit Kollegen. Ein Kollege hinterlässt diesen unaufgeräumt. Man spürt Ärger darüber. Man spricht den Kollegen an, dass dieses Verhalten gegen die Vereinbarung ist und bittet darum, in Zukunft den Raum aufgeräumt zu hinterlassen. (Der Ärger ist geklärt.)
Ein Freund ist gestorben, man spürt Schmerz, weint und trauert eine angemessene Zeit und kann dann endgültig Abschied nehmen.

Metagefühl

Metagefühle kann man auch als „Seinszustände" beschreiben. Sie erscheinen als ausgeglichene Befindlichkeiten, denen der Zustimmung zum Sein, wie es ist, vorausgeht. Sie werden erlebt als Einssein mit sich selbst und der Welt und fühlen sich leicht an. Zum Bespiel: Präsenz, die Liebe zu den Menschen, Achtung, Respekt, Toleranz ...

Sekundäres Gefühl

Dieses entsteht in uns entweder durch eine verzerrte Wahrnehmung dessen, was ist oder dadurch, dass die Situation oder das Ereignis etwas beinhaltet, was wir (meist unbewusst) mit einer alten Erfahrung verknüpfen. Man geht dabei aus der direkten Wahrnehmung der Situation heraus (oft für einen selbst deutlich spürbar durch die Veränderung der Körperhaltung und die Vehemenz des Gefühls). Dazu gehören Kindheitsgefühle.
Sie tauchen auf, wenn eine gegenwärtige Situation einen Auslöser beinhaltet, welcher uns nicht mehr im Jetzt präsent sein lässt und sofort eine Kindheitssituation (unbewusst) wachruft. Man spürt zwar selbst, dass dieses Gefühl dem Anlass nicht entsprechen kann und fragt sich vielleicht: „Woher kommt es, dass ich so stark gefühlsmäßig reagiere? Warum kann ich nicht adäquat handeln?"

(Doch bleibt der tiefere Grund, die entsprechende Kindheitserfahrung, meist unbewusst.)
In seiner Wirkung führt dieses Gefühl bei anderen Menschen eher zu einer Verunsicherung, auf die dann unterschiedlich reagiert wird.

Beispiel:
Sie hat ein Rendezvous mit dem Geliebten vereinbart. Er muss den Termin absagen. In der Geliebten entsteht ein Verlassenheitsgefühl, sie fühlt sich total im Stich gelassen, wird sehr traurig und weinerlich, schmollt. Überlegt sich vielleicht, wie sie sich rächen kann oder macht lange danach noch Vorwürfe.
(Wo das adäquate, primäre Gefühl eine kurze Enttäuschung gewesen wäre, eventuell eine Frage zum genaueren Verständnis sinnvoll wäre, sowie das Vereinbaren eines neuen Treffens.)

Ursache und Lösung von Kindheitsgefühlen, die bis ins Erwachsenenalter wirken ist im Kapitel Bindung (3.3) beschrieben und ist je nach Kontext variierbar.

Ein sekundäres Gefühl kann auch entstehen, wenn das primäre Gefühl weggeschoben oder unterdrückt wird. Dies passiert, wenn das primäre Gefühl – aus welchen Gründen auch immer – nicht akzeptabel erscheint.
Ursache für diese Ablehnung sind entsprechende Erfahrungen. Zum Beispiel, wenn bestimmte Gefühle in der Familie (Kindergarten, Schule …) verleugnet, verdrängt, unterdrückt oder verlacht wurden. Solche sekundären Gefühle (als Ersatzgefühle) entstehen nicht aus dem Einklang und der Präsenz, sondern zielen darauf ab, eine bestimmte Reaktion von der Umgebung zu bekommen. Sie sollen bei den anderen etwas bewirken. Sie sind im Gegensatz zu den Primärgefühlen der Situation nicht angemessen, dauern länger und sollen Handeln ersetzten. In ihrer Wirkung sind sie oft aufwühlend, machen ärgerlich oder müde und erzeugen in den Beteiligten das Gefühl etwas tun zu müssen, ohne zu wissen, was.

Fremdes bzw. übernommenes Gefühl

Dieses entstehet meist durch bewusste oder unbewusste (Teil-) Identifizierung mit einem Familienmitglied. Häufig schon in der Kindheit übernommen, sollen sie zur Entlastung einer bestimmten Person dienen.

Beispiel:
Der Vater fiel immer wieder in depressive Stimmungen. Die Ursache (ihm wahrscheinlich selbst nicht bewusst) liegt im frühen Verlust seiner Mutter. Das Kind leidet mit dem Vater mit und nimmt ihm (im kindlich magischen Glauben, dass das funktioniert) die Traurigkeit, Depression ab.

Sekundäre Gefühle könne auch stellvertretend für andere gelebt werden. Das heißt, wenn Gefühle vom „ursprünglichen“ Träger nicht zugelassen, oder nicht gelebt werden, dann tut dies das Kind anstelle der betroffenen Person.

Beispiel:
Der älteste Bruder ist als Kleinkind gestorben, die Mutter ließ die große Trauer nicht zu, das später geborene Kind trauert (ohne natürlich den Zusammenhang zu wissen) anstatt ihr bzw. für sie.

Zum Charakteristikum dieser Gefühle gehört, dass sie von der Person, die sie stellvertretend übernommen hat, vehement vertreten werden. Sie sind offen oder latent mehr oder wenig durchgängig spürbar und beeinflussen die Grundstimmung. Bei manchen Menschen werden sie nur kontextbezogen wirksam, doch innerhalb des spezifischen Kontext häufig.

Beispiel:
Die Tochter hat die Wut der Mutter auf den Vater übernommen. Dies äußert sich nicht nur in Ihrer Tochterbeziehung zum Vater, sondern es ist ihr Gefühl und Verhalten gegenüber Männern allgemein immer wieder grundlos aggressiv eingefärbt.

Die Wirkung übernommener Gefühle auf die Umgebung ist so, dass sie eine gewisse „Fassungslosigkeit“ auslösen, die Umgebung versteht nicht, wie sie dazu kommt und reagiert eher ratlos.

Erfahrungsgemäß können auch Gefühle aus dem System übernommen werden, wo kein persönlicher Kontakt zu der Person bestand.

Die Lösung „übernommener“ (bis ins Erwachsenenalter wirkender) Gefühle ist im Kapitel 3.4 beschrieben.

4. Die Systemkräfte und Bedingungen, die in Organisationen und Unternehmen wirken

Organisationen, Unternehmen, Vereine, ... unterliegen genauso wie die Familie Systemkräften und Systembedingungen, deren Beachtung bzw. Einhaltung Grundvoraussetzung zum Funktionieren sind.

Recht auf Zugehörigkeit

In Organisationen und Unternehmen hat jeder, der darin tätig ist, das gleiche Recht dazuzugehören. Ebenso wie in Familien kann niemand einen höheren Anspruch darauf geltend machen, Mitglied des Organisations- und Unternehmenssystems zu sein. Doch zum Unterschied von Familien, bei denen das Zugehörigkeitsrecht von Geburt an bis zum Lebensende unwiderruflich verbrieft ist, also existenziell ist, gilt dieses Recht in Organisationen nur für den Zeitraum vom Eintritt bis zum Verlassen der Organisation.
In diesem Zeitraum kann keiner einem anderen dieses Recht auf Zugehörigkeit in Abrede stellen. Jeder hat seine Verpflichtungen gemäß seiner Position (und seinem Vertrag) und hat seinen dementsprechenden Beitrag zu leisten.
Die Verletzung dieser Verpflichtungen gefährdet die Zugehörigkeit (kann zur Kündigung führen).
Es können auch organisatorische bzw unternehmerische Notwendigkeiten einen Ausschluss (Kündigung) zur Folge haben. Ohne diese Möglichkeit der Maßnahme wäre eine Organisation/ein Unternehmen nicht lebensfähig. Wenn solche „Systementlassungen“ der Weiterexistenz dienen, muss es nicht zwangsläufig zu systemischen Störungen kommen. Sind aber andere Gründe (Ungerechtigkeiten) verursachend, kann sich das in der Folge in mangelndem Vertrauen der verbleibenden Angestellten äussern mit dementsprechender Motivations- und Leistungsschwächung, Intrigen, Mobbing ...

Rangordnung durch Position

Eine Organisation/ein Unternehmen hat ein natürliches Bedürfnis nach Führung. Der Begriff Hirarchie bekam für manche einen merkwürdigen Beigeschmack, dennoch wird Führung weiterhin gebraucht. In vielen heutigen Organisationen/Unternehmen weiß die Spitze nicht mehr alles und es ist auch nicht mehr möglich alles zu wissen. So geht es auch um die Fähigkeit des „Zusammenfügenkönnens“ von entkoppelten Teilbereichen, das sind die gefragten Fähigkeiten neben menschlicher Integrität und Führungskompetenz.

Wenn die Führungsperson nicht definiert wird oder die dazu definierte Person diese Funktion nicht erfüllt (wahrnimmt), führt dies zu Unsicherheiten, chaotischem oder agressivem Verhalten. Wer die Leitungsposition hat, braucht die Kraft, eine gewisse Einsamkeit aushalten zu können. Ein Chef kann nicht alle Sorgen, die er hat, mit den Mitarbeitern teilen. Dies würde ebenfalls zu Unsicherheit führen. Der Chef teilt die jeweiligen Verantwortlichkeiten seinen Mitarbeitern klar zu. Die Kraft, die Letztverantwortlichkeit zu tragen, muss er haben.

Rangordnung durch zeitlichen Eintritt

Bei Gleichgestellten hat derjenige, der früher da war, die älteren Rechte. Diese sind von später Dazugekommenen anzuerkennen. Wird dies negiert, kommt es zu Boykotthandlungen verschiedenster Art von denen, die schon länger da sind. Auch die Firmengründer oder die Initiatoren von Organisationen/Unternehmen gehören immer gewürdigt, auch wenn diese mittlerweile nicht mehr dem System angehören. Denn ohne die Gründer bzw. Initiatoren gäbe es die Organisation nicht.

Wird einem Mitarbeiter, der schon lange zum Unternehmen gehört, ein später Dazugekommener in der Position vorgesetzt, wird eine Zusammenarbeit nur dann funktionieren, wenn der neu Dazugekommene (nun Vorgesetzte), das durch die Zeit gewonnene Wissen um das Unternehmen anerkennt und würdigt.

Ausgleich von Geben und Nehmen

Hier geht es darum, dass die Bilanz zwischen dem, was ein Mitarbeiter für das Unternehmen tut und dem, was er dafür bekommt, stimmt. Materiell und ideel. Daraus ergeben sich Motivation und Loyalität.
Wer beim Eintritt in ein Unternehmen den Bedingungen zugestimmt hat, bleibt diesen verpflichtet, es sei denn, es ergeben sich Änderungen bezüglich seiner Aufgabe oder im Unternehmen selbst.
Stimmt der Ausgleich über einen längeren Zeitraum nicht, fördert das Unzufriedenheit, Demotivation, Schuldgefühle und das (teilweise unbewusste) Verlangen nach Ausgleich. Der, der dauerhaft mehr gibt als er nimmt, fördert zum Teil schwere Beziehungskonflikte ebenso wie der, der sich permanent mehr nimmt, als er in das Unternehmen einbringt.
Nicht nur Ausbeutung sondern auch Überversorgung (durch Arbeitgeber wie Arbeitnehmer) haben Folgen für das System Organisation.

Regeln und Ordnungen

Je klarer Vereinbarungen in Bezug auf Werte, Ziele, Aufgaben, Leistungen, Kooperation, Arbeitszeit und Überstunden, Lohn/Gehalt, Zulagen und sonstige Bedingungen getroffen werden, um so effektiver und funktioneller ist es für alle Beteiligten. Entscheidend dabei ist, dass für die Einhaltung der Vereinbarungen gesorgt ist. Zum Beispiel durch schriftliche Vereinbarungen und Transparenz für alle Beteiligten sowie Kontrollmechanismen.

Aufgabenorientierung

Funktionelle Grundvoraussetzung ist, dass die einzelnen Mitglieder des Systems (der Organisation, des Unternehmen) ihre Aufgaben genau kennen, wissen, wer in der Organisation für was zuständig ist und auch das Gesamtergebnis vor Augen haben.
Wenn die Ausrichtung auf die Aufgabe jedes einzelnen sowie der Abteilung bzw. Firma im Ganzen fehlen, unklar oder nicht trans-

parent genug sind, beschäftigen sich die Mitarbeiter zunehmend mit den Beziehungen untereinander oder klagen über „die Chefs, die Zustände, die Politik, die anderen“ usw.

Die Arbeit dient zur Erfüllung von Aufgaben. Ihr Ziel ist die Erreichung des Unternehmenszieles im „konstruktiven Miteinander“ bezogen auf die Arbeit.

Anerkennung der Leistung

Besondere Fähigkeiten und Leistungen müssen anerkannt und gefördert werden.
Die Anerkennung der Leistung kann einerseits materiell geschehen, aber genauso wichtig ist auch die ideelle Anerkennung und Wertschätzung der Person und ihrer Leistung. Nur so bleibt die Motivation erhalten und die Person kann im Unternehmen bleiben.

Stärkung oder Schwächung

Wirklich stark ist jemand nur, wenn er die Position, die er hat, auch einnimmt. Ansonsten schwächt er sich selbst und das System.

Das bedeutet zum Beispiel: Der Leiter einer Gruppe muss seinen Platz als Leiter oder Chef einnehmen mit der dementsprechenden Verantwortung. Begibt er sich auf einen ranggleichen Platz mit den anderen Mitgliedern der Gruppe, wird ihm die Achtung und der Respekt entzogen (siehe Rangordung durch Position). Die Gruppe beginnt chaotisch zu agieren.

Arbeitet ein Mitglied der Organisation unterhalb seiner Kompetenz, kann sich das schwächend auf die Gruppe auswirken. Es sei denn, der Betreffende legt klar, dass er das selbstbestimmt so wollte oder aus bestimmten Gründen dem zugestimmt hat.

Das Alte und das Neue

Bevor in eine Organisation oder Unternehmen etwas Neues eingebracht wird, gehört das Alte adäquat gewürdigt.
Dabei gilt es zu berücksichtigen, dass sicher einiges Gute vom Alten ins Neue mitgenommen wird und somit das Neue auf dem Alten aufbaut und damit auch den Sinn des Alten würdigt.

Kommt ein neuer Chef und geht davon aus, alles anders machen zu müssen, wird er damit auf Widerstand stoßen, selbst wenn die Neuerungen tatsächlich Fortschritte bringen würden. Erst wenn er das Alte würdigt und respektiert und das, was davon heute noch sinnvoll ist, mitnimmt, hat er mit seinen Veränderungen Aussicht auf Erfolg.

Gehen und Bleiben

Nur wer seine Funktion ausfüllt und die Organisation braucht – ideell wie materiell – nützt dem Unternehmen und umgekehrt.

Beim Ausscheiden aus einer Organisation/Unternehmen ist es wichtig, dass es in gutem Einvernehmen und in gegenseitiger Achtung vollzogen wird, damit es in der Organisation/dem Unternehmen gut weitergehen kann und der Ausgeschiedene an seiner nächsten Stelle gut beginnen kann.

5. Beispiele für die Arbeit mit Bausteinen

Die Namen der beteiligten Personen und Firmen sind frei erfunden, in manchen Fällen auch Hintergrundinformationen, so dass kein Bezug zu tatsächlichen Personen oder Firmen hergestellt werden kann. Ähnlichkeiten sind daher rein zufällig und spiegeln lediglich wieder, dass ähnliche Probleme mehrfach vorkommen. Den beschriebenen „Fällen“ ging jeweils ein klärendes Gespräch bezüglich Anliegen und Methode voraus.

5.1 Aus dem Organisations- bzw.- Unternehmensbereich

Problem: „Unerklärliche Projektverzögerung“

Der Fragende/Klient ist Personalabteilungsleiter einer Firma mit 6 Abteilungen und insgesamt 112 Mitarbeitern.

Auftragsdefinition

Klient: *„Ich bin hier im Auftrag unseres Chefs.“*

Beraterin: *„Was ist Ihr Anliegen?“*

Anliegen

Klient: *„Ich erhoffe mir hier mehr Klarheit bezüglich eines Projektes bzw. der Projektleitung, weil dieses Projekt immer wieder ins Stocken gerät aus Gründen, die mir eigentlich nicht nachvollziehbar sind. Faktum ist, es sollte bereits abgeschlossen sein, doch ist es davon noch ziemlich entfernt und ich meinte, dass nicht schlicht fachliche Gründe ausschlaggebend für diese Verzögerung sind, sondern dass da was anderes mitspielt, was Menschliches sozusagen.“*

IST-Zustand

Beraterin: *„Das Problem ist, dass ein Projekt Verzögerungen unterliegt und nicht termingerecht abgeschlossen werden kann. Und Sie vermuten, dass das keine fachlichen Ursachen hat,* *sondern dass die Ursache dafür auf der Beziehungsebene zu suchen ist.“*

Klient: *„Genau so scheint es!“*

Beraterin: *„Auf der sachlich-fachlichen Ebene ist alles klar?“*

Klient: *„Es liegen dementsprechende Berichte vor.“*

Ziel für Coaching-stunde

Beraterin: *„Und Ihr Ziel hier?“*

Klient: *„Herauszufinden, wo das Problem liegt bzw. bei oder zwischen wem. Und etwaige Konsequenzen zu besprechen.“*

Beraterin: *„Können Sie mir bitte die wichtigsten Informationen zur Entstehung und dem Weiteraufbau bzw. –verlauf der Firma geben?“*

Klärung der Fakten die zum IST-Zustand führen

Weitere Fakten:

- Die Firma wurde 1970 von Brüderpaar N. und K. Preben gegründet zu je 50%,
- damals mit 12 Mitarbeitern.
- Von da an stetiger Auf- und Ausbau der Firma, wobei bemerkenswert ist, dass in der Firma niemals ein Mitarbeiter gekündigt wurde.

Klient: *„1985 kam ich selbst als Personalabteilungsleiter dazu. Zu diesem Zeitpunkt hatte die Firma bereits 39 Mitarbeiter. Es gibt wirklich nichts Außergewöhnliches zu berichten und das Wachstum war kontinuierlich organischer Art. Die bisherigen Projekte verliefen gut und brachten den erwarteten Erfolg.“*

Rolle/Position des Klienten

Beraterin: *„Ist an diesem Projekt strukturell etwas anders als bei den bisherigen?“*

Frage nach den Unterschieden

Klient: *„Nein.“*

Beraterin: *„Wer hat es vergeben?“*

Klärung Projekt-auftrag und Verant-wortungen

Klient: *„Das geht immer vom Chef K. Preben aus. Wer die Leitung des Projektes hat, wird immer abgewechselt, also nach dem Rotationsprinzip. Diesmal bekam sie Herr Sacher von der Abteilung C und zu koordinieren hat er sich mit seinen Mitarbeitern, sowie mit 2 Mitarbeitern der Abteilung E."*

Klärung wer/ was aufgestellt wird

Beraterin: *„Beginnen wir mit der Aufstellung. Wen brauchen wir dazu?"*

Klient:

- Das Projekt
- Projektleiter: Herr Sacher
- Seine 8 Mitarbeiter (MA C1-8) der Abteilung C
- 2 Mitarbeiter (MA E9, E10) der Abteilung E
- Den Chef K.Preben, der das Projekt vergab
- Mich selbst als Personalabteilungsleiter, weil ich bei den Treffen mit dabei bin und sich der Projektleiter an mich wandte mit dem Problem und mich der Chef K. Preben dann bat, zu Ihnen zu gehen.

Beraterin: *„Ist das üblich, dass Sie da einbezogen werden?"*

Klient: *„Ja, bei den 14-tägigen Besprechungen."*

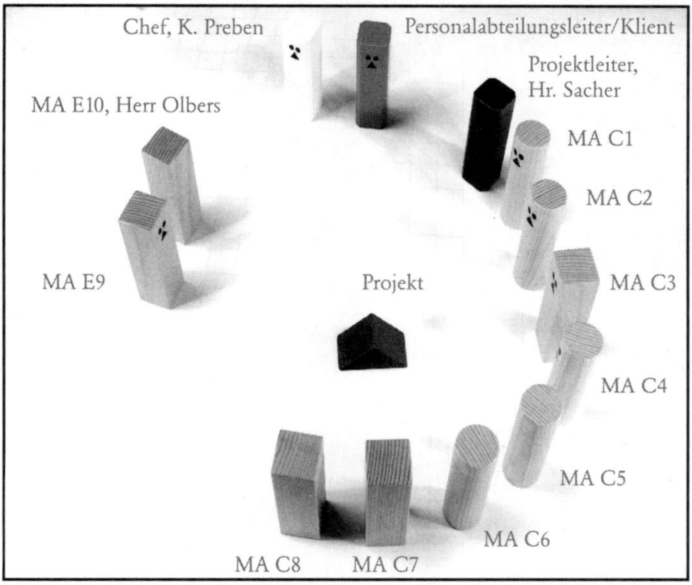

IST-Aufstellung

Beraterin: *„Wenn Sie alle und das Projekt überblicken, fällt Ihnen etwas auf?*

Wahrnehmung des Gesamtbildes

Klient: *„Alle sind mit dem Projekt befasst. Außer dem Projektleiter, dem Chef K. und Mitarbeiter E10 (Herr Olbers) von Abteilung E. Ich habe das ganz intuitiv so gestellt, doch wenn ich drauf schaue, fühlt es sich auch richtig, also den Gegebenheiten entsprechend an, ohne dass ich es jetzt begründen könnte.“*

Erkenntnisse aus der Wahrnehmung

Beraterin: *„Es werden sicher noch Informationen dazu kommen, wenn Sie sich in die einzelnen Personen und auch ins Projekt versetzen.“*

Klient: *„Ich beginne mit meiner eigenen Position?“*

sich hineinversetzen

Beraterin: *„Ja.“*

Klient in eigener Position als Personalabteilungsleiter: *„Ich überblicke alles gut und bemerke eben das, was ich vorher schon erwähnte: allerdings nicht so bewusst; aber was das in*

IST aus Sicht des Klienten

Bezug auf das Projekt aussagt, dass Herr Olbers (Mitarbeiter 10) und der Chef Herr K. Preben sich anschauen, weiß ich nicht. Auch nicht, was es heißt, dass der Personalleiter Herrn Olbers (Mitarbeiter E10) ansieht. Der Chef Herr K. Preben hinter mir, das passt. Ich mache mal weiter."

IST aus Sicht des Projektleiters

Klient in Projektleiter versetzt: „*Das Projekt passt. Die Mitarbeiter 1-8 sind ganz konkret und zielgerichtet auf das Projekt ausgerichtet, Mitarbeiter E9 auch. Herr Olbers hat seine Aufmerksamkeit beim Chef und der Chef hat seine Aufmerksamkeit bei ihm. Mich als Projektleiter lenkt das auch ab.*"

Beraterin: „*Gibt es noch etwas in Bezug auf Herrn Olbers zu sagen?*"

Systemischer Bezug

Klient in Personalabteilungsleiter (= in sich selbst) versetzt: „*Nein, nicht dass ich wüsste. Doch! Jetzt fällt mir ein, dass vor Herrn Olbers ein anderer für das Projekt bestimmt war aus der Abteilung E, nämlich Herr Weiß! Und das war sicher dramatisch, weil eigentlich Herr Weiß eine wichtige Entdeckung machte, die dann überhaupt erst zum dem Projekt führte und der Chef über die Entdeckung von Herrn Weiß sehr glücklich war.*"

Beraterin: „*Wieso wurde dann Herr Weiß nicht Projektleiter?*"

Klient „*Erstens weil wir ganz gleich, wer eine Entdeckung macht, beim Rotationsprinzip bleiben. Die Entdeckung als solche wird natürlich extra honoriert.*
Und zweitens war die Hauptarbeit von der Abteilung C zu machen. Aber das dramatische war, dass Herr Weiss einige Tage bevor es zur ersten Projekt-Hauptbesprechung kam, einen sehr schweren Autounfall hatte: Er liegt noch auf der Intensivstation im Koma. So verlief die erste Hauptbesprechung des Projekts sehr gedämpft, fast wie eine Trauerfeier und der sonst hier übliche Projektelan kam nicht auf. Herr Olbers wurde in Vertretung für Herrn Weiß für dessen Teil eingesetzt.

Das scheint mir nun auf einmal ein wesentlicher Faktor zu sein! Ich versetze mich vielleicht jetzt in Herrn Olbers"

Beraterin: *„Ja!"*

Klient in Herrn Olbers versetzt: (atmet heftig und wird körperlich unruhig): *„Also ich fühle mich hier gar nicht wohl. Ich schaue auf den Chef und wünschte mir eigentlich, er hätte für diese Aufgabe jemand anders gewählt. Ich weiß, wie viel das Projekt meinem Kollegen Herrn Weiß bedeutet. Nun liegt er halbtot im Krankenhaus und ich mache es statt ihm, ungute Situation!*
Ich kann mich nicht mit voller Energie mit dem Projekt befassen. Wenn ich damit konfrontiert bin, dann ist das mit belastenden Gefühlen verbunden!"

IST aus Sicht von Herrn Olbers

Auslöser für IST-Situation

Beraterin: *„Und als Herr Olbers was bräuchten Sie, um mit den Gefühlen umgehen zu können?"*

Ressourcenfrage

Klient in Herrn Olbers versetzt: *„Ein Gespräch mit dem Chef darüber, wie sehr mich das belastet. Vielleicht auch, dass es wer anderer macht."*

Mögliche Ressource

Klient aus Metaposition (auf das ganze Bild schauend): *„Nun, das erscheint mir doch eine wichtige Erkenntnis! Das werde ich unserem Chef mitteilen! Ich glaube, das ist der Angelpunkt sozusagen!"*

ZIEL

Beraterin: *„Vielleicht steigen Sie noch in die Position des Chefs?!"*

Klient: *„Ja, das sollte ich noch tun, stimmt."*

Klient in Chef versetzt: *„An und für sich ist das ein Projekt wie viele zuvor und auch im Einsatz wie früher. Doch ich bin nicht wie sonst das Ganze überblickend und meinen Mitarbeitern ansonsten freie Hand lassend; sondern blicke auf Mitarbeiter 10, Herrn Olbers, und eigentlich sehe ich gleichzeitig Herrn Weiß und dessen bedauerliches Schicksal. Ich fühle mich hilflos diesbezüglich."*

Auslöser für IST-Situation

Ressourcen-frage

Beraterin: „*Was würde Ihnen als Chef helfen?*"

Klient in Chef versetzt: „*Es liegt auf dem Projekt und denen, die es machen, aber im Speziellen natürlich auf Herrn Olbers eine Last und ich weiß nicht, wie ich die entfernen kann.*"

Beraterin: „*Was würden Sie denn Herrn Weiß sagen?*"

Klient in Chef versetzt: „*Projekt unbedingt weitermachen.*"

Beraterin: „*Wie würde Herr Weiß reagieren, wenn das Projekt wegen seines Unfalls und gesundheitlichen Zustandes nicht gut abgeschlossen würde?*"

Klient in Chef versetzt: „*Das würde ihn sehr betrüben. Das würde er nicht wollen.*"

Beraterin: „*Was würde Herrn Weiß freuen?*"

Ressource und positive Auswirkung (Ökologie)

Klient in Chef versetzt: „*Wenn es erfolgreich abgeschlossen wird! (atmet erleichtert auf).*
Wir nennen das Projekt nach Herrn Weiß! Ich sehe förmlich, wie diese Nachrichten meine Mitarbeiter erleichtert und motiviert."

Überprüfung (Test)

Beraterin: „*Versetzen Sie sich nochmals in Herrn Olbers und erleben Sie es so, als hätten Sie das eben Gesagte vom Chef mitgeteilt bekommen.*"

Überprüfung der Ressourcen

Klient in Herrn Olbers versetzt: „*Ich spüre, dass es mir gut täte, wenn er mir dies zuerst einmal in einem persönlichen Gespräch vermittelt und dann der gesammelten Projektmannschaft, mit mir inklusive. Dann hätte ich die Kraft und den Mut, mich für das Projekt einzusetzen.*"

ZIEL der Coaching-stunde erreicht

Klient in Metaposition (auf das ganze Bild schauend): „*Puh, das war ein ganzes Stück Arbeit. Nun habe ich die Informationen, die ich gebraucht habe! Besten Dank.*"

Kommentar

Systemischer Hintergrund: „Der Unfall des Initiators" (Unbewusster Ausgleich aus Loyalität)

„Schicksalsschläge", die eine Person eines Systems betreffen, haben immer auch Auswirkungen auf andere.

Auswirkungen des unbewussten Ausgleichsbedürfnises aus Loyalität

Unter dem Druck des „Ausgleichsbedürfnisses" haben die Kollegen und im Speziellen natürlich der Kollege, der für den Schicksalsbetroffenen einspringt, das Gefühl (unbewusst, aber durchaus teils bewusst), sie können dieses Projekt nicht so, als wäre nichts geschehen, dem Erfolg zuführen. Es wird so empfunden, als hätte man den Erfolg in so einem Fall nicht verdient.

= die „gute Absicht" des IST-Zustandes

Doch dies wäre der „blinde" Ausgleich, der niemandem hilft und alle lähmt. Der „konstruktive" Ausgleich bindet die vom Schicksal Betroffenen mit ein, indem sie gewürdigt und geehrt werden. Dieser Ausgleich ist nach vorwärts gerichtet und dadurch motivierend, konstruktiv und gesund.

Lösung durch bewussten konstruktiven Ausgleich

Problem: „Unstimmigkeiten unter Mitarbeitern"

Rollen-definition

Der Klient, Herr Steiner, ist Eigentümer einer Firma, die er 1997 gründete. Er verließ den Konzern, für den er in einer höheren Managementposition 15 Jahre lang tätig war, da die betrieblichen Vorgehensweisen für ihn nicht mehr tragbar erschienen, in wirtschaftlicher sowie in personeller Hinsicht. Die „Ausscheidungsphase" war natürlich von vielen Auseinandersetzungen, auch unerfreulicher Art, gekennzeichnet. Letztendlich sei man aber einvernehmlich voneinander geschieden.
Herr Steiner nahm 8 Mitarbeiter aus dem Betrieb mit und stellte in den Jahren 1999 bis 2004 noch 5 weitere ein.

Beraterin: „*Was ist Ihr Anliegen bzw. was ist das Problem?*"

IST-Zustand

Klient: „*Seit ungefähr 5 Monaten kommt es immer wieder zu Unstimmigkeiten zwischen dem Abteilungsleiter Herrn Hofer von der Abteilung X und dem Abteilungsleiter der Abteilung Z, Herrn Lehner. Wenn ich es mitbekomme, wird es zwar immer runtergespielt, aber ich fürchte, wenn das so weitergeht, tut das nicht gut. Nachdem ich offensichtlich nichts tun kann, wenn ich es direkt bei den Betroffenen anspreche, möchte ich hier versuchen, eine andere Einwirkungsmethode zu erkennen bzw. zu finden.*"

ZIEL der Coaching-stunde

Beraterin: „*Wenn Sie bitte die Problemkonstellation hier mit den Bausteinen aufstellen. Sie brauchen dazu:*

Klärung wer/ was aufgestellt wird

- sich selbst als Chef und Firmengründer
- Abteilungsleiter Herrn Hofer von der Abteilung X
- die 4 Mitarbeiter von Hofer: Mitarbeiter 1 bis Mitarbeiter 4 (MA X1-4)
- Abteilungsleiter Herrn Lehner von der Abteilung Z
- die 3 Mitarbeiter von Lehner: Mitarbeiter 5 bis Mitarbeiter 7 (MA Z5+6)
- die alte Firma.

Beraterin: *„Ist noch jemand oder etwas wichtig?“*

Klient: *„Die anderen sehe ich darin nicht verwickelt. Hofer und Lehner habe ich von der alten Firma mitgenommen, auch jeweils zwei ihrer Mitarbeiter.“*

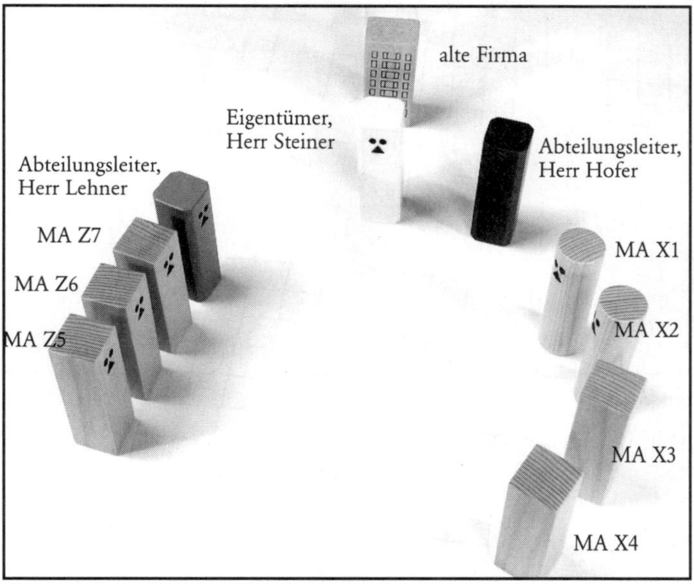

IST-Aufstellung I

Beraterin: *„Wo steht die Aufgabe?“*

Klinet: *„Jeder hat konkret seinen Bereich vor sich und durchaus alle haben ein Bild vom Ganzen, das war mir immer wichtig.“*

Klient legt entsprechenden Baustein als Gesamtes in die Mitte.

IST-Aufstellung II

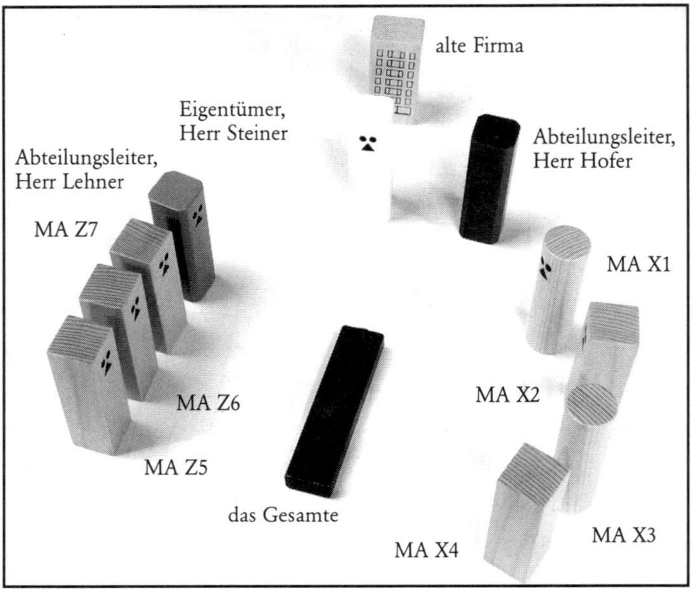

Beraterin: *„Wenn Sie aufs Ganze blicken, ist da etwas, was Ihnen auffällt?"*

Wahrnehmung des Gesamtbildes

Klient: *„Eigentlich nicht."*

sich hineinversetzen

Beraterin: *„Wenn Sie nun die Erfahrung machen, wie sich der Einzelne in seiner Position fühlt, vielleicht beginnen Sie bei der eigenen Position?"*

IST aus Sicht des Klienten

Klient in eigener Position als Chef: *„Ich habe alle gut im Blick. Sehe, alle haben eine konkreten Bezug zu ihrer Arbeit, dem Endprodukt und sind auch gleichzeitig auf mich gerichtet. So soll es sein.*
Hofer könnte etwas näher bei seiner Abteilung sein und nicht so nah bei mir."

Beraterin: *„Wie kommt es, dass er so nahe bei Ihnen steht?"*

Klärung wie er zu der Stellung kommt

Klient in eigener Position als Chef: *„Er hat mich in der Ablösungsphase von der alten Firma persönlich sehr unterstützt* *und bekräftigt. Darüber war ich sehr froh!"*

Beraterin: *„Hat er sich dafür etwas Besonderes erwartet in dieser Firma nun?"*

Klient in eigener Position als Chef: *„Das war genau abgesprochen. Er hat, was er wollte, so wie Lehner auch."*

Beraterin: *„Die alte Firma im Rücken, wie fühlt sich das an?"*

Klient, in eigener Position als Chef: *„Merkwürdig, einerseits als Stärkung, andererseits als Druck."*

Beraterin: *„Als Stärkung inwiefern?"*

Klient in eigener Position als Chef: *„Ich habe da ja viel Erfahrung, Kompetenz, Know-how mitbekommen. Das macht mich stark. Und der Druck kommt natürlich daher, dass ich weiß, die schauen, was ich tue. Ich will es ihnen selbstredend beweisen, dass ich es kann und ich fühle mich natürlich sehr meiner „Mannschaft" verpflichtet, dass unser Unternehmen gut läuft. Trotzdem ist es gut, die alte Firma so hinter mir zu spüren, das wird mir jetzt richtig deutlich! So stärkt es mich und würde ich es anderswo platzieren, würde mir Kraft fehlen. Ich würde wahrscheinlich häufiger hinschauen, als mir gut täte. Denn schauen, was dort bzgl. des Produktes passiert, kann ich mich durch Umdrehen, also das heißt im übertragenen Sinn, dass ich es dann tue, wenn ich es für sinnvoll bzw. notwendig erachte."*

IST aus der Sicht von Herrn Hofer

Klient in Abteilungsleiter Herrn Hofer versetzt: *„Merkwürdig, ich fühle mich nicht besonders wohl hier."*

Beraterin: *„Was bedingt dieses Gefühl?"*

Klient in Abteilungsleiter Herrn Hofer versetzt: *„Ich fühle mich zwar dem Chef nahe, sollte aber mehr bei meinen Mitarbeitern stehen, eigentlich so wie Abteilungsleiter Lehner."*

Beraterin: „*Und wie kommt es, dass Sie nicht dort stehen, wo Sie eigentlich stehen möchten?*"

Systemischer Bezug - „Gute Absicht" am IST-Zustand

Klient in Abteilungsleiter Herrn Hofer versetzt: (Pause) „*Ich muss das erst erspüren. Es fühlt sich nun so an, als wäre ich so lange da gestanden, so als Stütze des Chefs, dass ich jetzt nicht einfach diese Position aufgeben kann. Aus Sorge, dass der Chef das als Rückzug oder Illoyalität sehen könnte.*"

Beraterin: „*Noch ein Grund?*"

Klient in Abteilungsleiter Herrn Hofer versetzt: „*Kommt mir nicht so vor. Aber genannter Grund ist schwerwiegend genug.*"

Beraterin: „*Gibt's Gründe in Bezug auf Ihre Mitarbeiter? Oder Abteilungsleiter Lehner?*"

Klient in Abteilungsleiter Herrn Hofer versetzt: „*Nein, von mir aus nicht, obwohl ich nicht ganz sicher bin, wie Lehner zu meinem Platz hier steht.*"

Beraterin spricht den Klieten direkt an: „*Wollen Sie sich noch mal in Abteilungsleier Lehner versetzen?*"

IST aus der Sicht von Herrn Lehner

Klient in Abteilungsleiter Herrn Lehner versetzt: „*Für mich ist alles in Ordnung. Nur finde ich eigentlich, dass Hofer sich weniger um den Chef herumbewegen soll, sondern mehr sich bei seinen Mitarbetern einbringen soll. Dann würde auch die Abwickung dort, wo sie nötig ist, zwischen unseren Mitarbeitern besser funktionieren.*"

Beraterin: „*Die funktioniert nicht gut?*"

IST-Zustand

Klient in Abteilungsleiter Herrn Lehner versetzt: „*Nicht gut ist übertrieben, aber manchmal zeitaufwendiger als es sein müsste.*"

Beraterin: *„Und Sie glauben, wenn Abteilungsleiter Hofer näher bei seinen Mitarbeitern stünde, würde Zeit gespart werden?"*

Klient in Abteilungsleiter Herrn Lehner versetzt: *„Oh ja!"*

Beraterin: *„Dass Abteilungsleiter Hofer so nah beim Chef steht, löst das noch was in Ihnen aus?"*

Klient in Abteilungsleiter Herrn Lehner versetzt (lächelt): *„Sie meinen vielleicht Eifersucht?"*

Beraterin: *„Wäre möglich."*

Klient in Abteilungsleiter Herrn Lehner versetzt: *„Nein. Ich verstehe ja einerseits die Nähe, weil Hofer sicher beim Schritt, eine eigene Firma zu gründen, dem Chef eine große Stütze war. Das wissen wir alle. Und das war ja gut so, sonst gäbe es ja den jetzigen Arbeitsplatz nicht."* (Pause)
„Mir kommt nur vor, dass die Position dem Abteilungsleiter Hofer Energien wegnimmt und die Konsequenz daraus, ist genau das, was uns die Zusammenarbeit erschwert."

IST-Zustand

Beraterin: *„Wenn ich Sie nun wieder als Chef direkt anspreche: Was sagen Sie zu dem bisher erlebten?"*

Klient: *„Ich muss mich, glaub ich, nochmals in Hofer versetzen."*

Klient Abteilungsleiter Hofer versetzt: (eine Weile ist es still, dann ein Flackern in den Augen) *„Ich brauch vom Chef die Bestätigung, wie wertvoll meine Unterstützung beim Verlassen der alten Firma war und auch in den Gründungsjahren hier und dass er mich aus dieser speziellen Funktion auch tatsächlich ausgesprochenerweise entlässt!"*

IST aus der Sicht von Herrn Hofer

Ressource

Klient wieder in eigener Position als Chef: *„Na klar! Ich habe mich zwar immer wieder mal bedankt und ich gehe schon* *davon aus, dass Hofer weiß, wie wertvoll er mir war, aber ich muss das expliziter machen!"*

Ressource

Klient nickt nachhaltig

Beraterin: *„Und Sie haben eine Idee, wie und wann ein guter Zeitpunkt dazu sein kann?"*

ZIEL der Coaching-stunde erreicht

Klient: *„Da mach ich mir noch Gedanken drüber. Aber das wichtigste ist mir die Erkenntnis, dass es darum geht, ihm das, was er gemacht hat, nochmals konkret und wertschätzend und dankend zu vermitteln. Und ihm dann „zu erlauben" ganz die vereinbarte Position einzunehmen, sowie sich ausschließlich dieser Aufgabe zu widmen.*
Das ist der wichtige Schritt und ich gehe davon aus, dass sich damit die „Unstimmigkeiten" zwischen Lehner und Hofer lösen, weil Hofer sich voll seiner Aufgabe zuwenden kann und somit auch die notwendigen Koordinationen zwischen den beiden Abteilungen „flüssiger und zügiger" vonstatten gehen werden.
Ich bedanke mich und falls noch Fragen zu klären sein sollten, melde ich mich nochmals."

Kommentar

Systemischer Hintergrund: „Die Stütze des Chefs" (Loyalitäts- und Rangordnungskonflikt)

Die Firma ist, laut Herrn Steiner, mehr oder weniger unbewusst bzw. dem menschlichen Instinkt folgend so aufgebaut, dass sie die systemischen Wirkungsprinzipien berücksichtigt. Der einzige Störfaktor war darin gelegen, dass Herr Hofer in seiner Loyalität zu Herrn Steiner in einer Rolle gefangen blieb, die nur vorübergehend notwendig und sinnvoll war. Da seine Loyalität besonders von der Gefühlsebene gesteuert war, nahm sie ihm viel Energie, welche ihm dann für die ihm zugeschriebene Aufgabe abging.

Auswirkung einer alten Rollenloyalität und die sich daraus ergebenden Einschränkungen

Das heißt, in bestimmten Situationen oder Phasen können sich für alle in einem System bestimmte (zusätzliche) Rollen ergeben, diese gehören auch je nach Art der Rolle, entsprechend gewürdigt bzw. honoriert und am Ende der Phase aufgelöst bzw. neu definiert, da sonst die Gefahr besteht, diese Rolle „mitzuschleppen".

Lösen aus der alten Rolle und Definition der neuen.

Nachtrag:
Herr Steiner meldete sich nach einem Monat wieder. Er teilte mit, dass sich das Problem durch die Erkenntnisse und deren Umsetzung gelöst haben.
Zudem war es Herrn Steiner dann noch ein Anliegen, sich mit der „alten" Firma auseinanderzusetzen. Er schrieb seinem früheren Chef einen Dankesbrief für alle bei ihm erworbenen Fähigkeiten sowie die wertvollen Erfahrungen, die er gemacht hatte.
Wie Herr Steiner einige Zeit später berichtete, ergab sich daraus sogar eine Kooperation.

Problem: „Unerwartete Gewinneinbuße“

Rollendefinition

Der Klient, Herr Thaler, ist Erbe eines Familienunternehmens in dritter Generation. Von seinen Eltern hat er die Firma 1991 übernommen. Er ist der einzige Sohn. Seine Schwester ist Prokuristin in der Firma und zu 35% beteiligt. Insgesamt gibt es noch 240 Angestellte in den verschiedenen Abteilungen.Das erzeugte Produkt hatte einen guten Namen am Markt schon bald nachdem es vom Urgroßvater auf den Markt gebracht wurde. Damals war die Firma natürlich noch klein, wuchs jedoch stetig. Als der Großvater die Firma übernahm, waren 85 Angestellte beschäftigt, bei der Übernahme von Herrn Thalers Eltern arbeiteten bereits 165 Angestellte im Unternehmen.

Beraterin: „*Was ist Ihr Anliegen bzw. was ist das Problem?*“

IST-Zustand

Klient: „*Das Unternehmen lief bis 2003 ausgezeichnet. Doch in den vergangenen 28 Monaten haben wir stetig sinkende Verkaufszahlen. In den letzten 8 Monaten wurde es noch schlimmer, so dass mich ein wirtschaftlicher Berater geradezu dazu zwang, mir das Ganze unter systemischen Gesichtspunkten anzusehen. Rein vom Unternehmensaspekt, sowie vom Markt u.s.w. sei das, was passierte, für ihn nicht erklärbar. So hoffe ich hier auf Erkenntnisse, die mir weiterhelfen, also Handlungsmöglichkeiten eröffnen.*“

Anliegen und ZIEL für die Coachingstunde

Beraterin: „*Wir haben über Gründung, Übergaben, Expansionen etc. ja bereits gesprochen. Es ist nichts aufgetaucht, was man als Unternehmens- oder persönliche Schicksalsschläge sehen könnte.*“

Klient: „*Nein, weder der Betrieb noch irgendein Mensch innerhalb des Betriebes musste so etwas erleiden. Darüber waren wir auch immer sehr froh und dankbar. Unsere Familie war immer sehr gläubig und ist es immer noch. Wir fühlen uns auch der höheren Macht gegenüber verpflichtet, die uns diese lange Zeit so gut geführt hat.*

Beschreibung IST-Zustand

Und weil ja „nichts passiert" ist, fühle ich mich über die Entwicklung sehr verzagt und auch fast schuldig, ohne zu wissen, wo diese Schuld liegt."

Beraterin: *„Sie sagten in unserer Vorbesprechung, dass es auch nicht der Markt sein kann bzw. Konkurrenzprodukte."*

Klient: *„Nicht wirklich, denn die gab es schon immer, die wechseln nur, werden aber nicht um so viel mehr, dass man es diesem Umstand zuschreiben könnte. Wir haben ja kontinuierlich expandiert und zwar in Übereinstimmung mit der Marktentwicklung von Anfang an. Die Vorausberechnungen, um wie viel mehr der Markt in den beiden darauffolgenden Jahren von unserem Produkt will, haben schon seit jeher ziemlich genau gestimmt.*

Beschreibung IST-Zustand

Außer eben 2003, da stoppte die Zusatznachfrage. Errechnet war aber eine größere Steigerung als sonst und dementsprechend wurde produziert, neue Maschinen angeschafft u.s.w."

Konkretisierung des Auslösezeitpunktes

Beraterin: *„Ist 2003 etwas Besonderes gewesen? Muss ja nicht ein Schicksalsschlag gewesen sein. Einfach was anderes als sonst."*

Klient: *„Nein."*

Beraterin: *„Stellen Sie bitte die beiden Szenarien auf, vielleicht erkennen wir daraus noch etwas Wichtiges."*

Klärung wer/ was aufgestellt wird

Szenario 1, noch vor 2000:

- Urgroßvater UGV
- Großvater GV
- Vater V
- Klient
- Schwester Susanne als Prokuristin
- Angestellte
- Arbeiter
- Produkt
- Mitarbeiter der Abteilungen 1 - 8

Aufstellung (I)
vor 2003

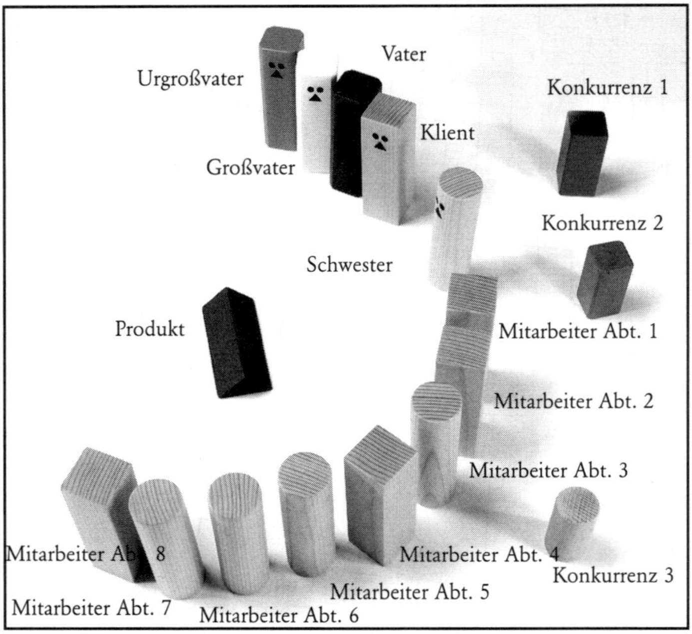

Klient strahlt während er aufstellt.

Beraterin: „*Wo ist da die Konkurrenz platziert?*"

Klient stellt Konkurrenz dazu und meint: „*Die stört nicht.*"

Szenario 2: Juni 2005:

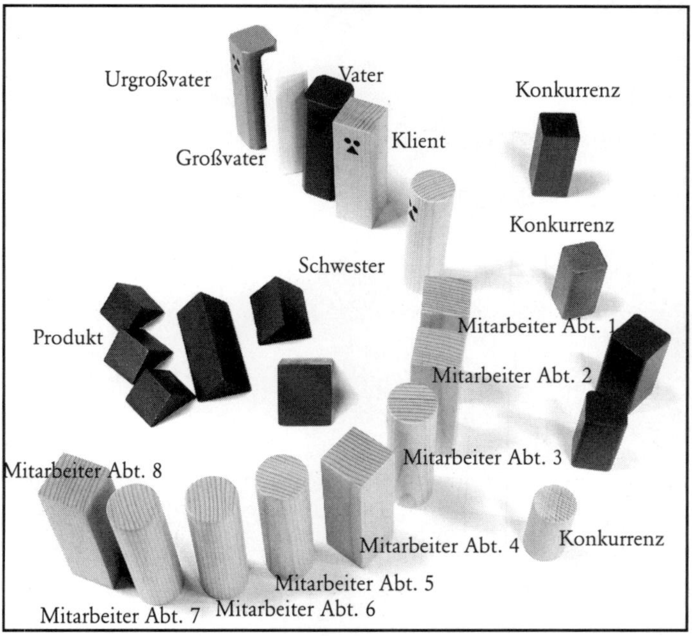

IST-Aufstellung II

Beraterin: „*Wenn Sie nun auf BEIDE Szenarien zugleich schauen, was sind die Unterschiede?*"

Wahrnehmung des Gesamtbildes

Klient: „*Wir haben aufgrund der Marktforschung noch 5 Produkte dazu entwickelt. Es ist nicht so, dass diese neuen Produkte nicht verkauft würden, sondern wenn wir vor 2003 100%igen Absatz hatten, dann haben wir jetzt nur noch 65% vom Gesamten und die höheren Einbußen etwas mehr beim „alten, eingesessenen" Produkt.*
Und was man jetzt bei den Bausteinen nicht so sehen kann ist, dass zwar alle nach der Produktion ausgerichtet sind, aber würde man Gesichter sehen, dann sähen die deprimiert aus."

Beschreibung der Unterschiede von Aufstellung I & II

Beraterin: „*Gibt es auch ein bisschen mehr Konkurrenz?*"

Klient: „*Ein größerer Konkurrent verschwand, dafür tauchten drei kleinere neue auf. Ich glaube nicht, dass es daran liegt.*"

Beraterin: *„Und Großvater sowie Urgroßvater sind ein Stück abgewandt."*

Klient: *„Das habe ich spontan gemacht, die leben ja nicht mehr. Aber für mich ist es innerlich so, als müssten die wegschauen, sonst würde es sie zu sehr schmerzen."*

Beraterin: *„Und wie ist das für Sie?"*

Klient: *„In Bezug auf die beiden und auch auf meinen Vater schmerzt es mich natürlich auch."*

Beraterin: *„Sie sagten, Ihre Familie sei sehr gläubig. Wo ist denn bei den Aufstellungen der Glaube bzw. Gott?"*

Der Fragende/Klient platziert Gott. Und zwar bei Szenario 1 hinter Urgroßvater, dabei ist Gott auf alles blickend. Bei Szenario 2 viel weiter hinten und der Fragende/Klient ist sich unschlüssig, wohin er blickt.

Beraterin: *„Wohin bzw. worauf blickt Gott?*

Klient sagt dann mit ziemlich leiser Stimme: *„Wohl noch auf alles."*

Beraterin: *„Unsicher darüber?"*

Klient: *„Ja, ein bisschen."*

Beraterin: *„Wie kommt jetzt das? Zieht sich Gott bei geschäftlichen Misserfolg zurück?"*

Klient: *„Nun, das glaube ich doch nicht wirklich. Und ich habe mir ja nichts zu Schulden kommen lassen."*

Klient schweigt einige Zeit und sagt: *„Und trotzdem muss es ja für mich einen Grund geben, weshalb ich das intuitiv so gestellt habe."*

Beraterin: *„Ich gebe Ihnen gerne die Zeit, dem nachzugehen. Die Frage ist, was könnte Gott (aus Ihrer Warte) veranlasst haben, sich zurückzuziehen?"*

Klient: *„Ja, so merkwürdig das klingen mag, aber ich spüre in mir berührt das etwas Wesentliches."*
Klient spricht fünf Minuten nichts.

Klient: *„Mir ist etwas sehr Bedenkenswertes eingefallen. Oder man könnte sagen innerlich aufgetaucht:*
Als mein Urgroßvater mit der Produktion begann, hat er das Startkapital dafür von einer Klosterstiftung bekommen, sowie auch das Grundrezept. Dieser Rezeptur ist er immer „treu" geblieben auf die Bitte derer hin, die ihm damals halfen und förderten.

Systemischer Bezug

Und unser Markennamen bestand aus zwei Namen: unserem und dem ersten Namen der Stiftung. Bei den neuen Produkten habe ich nun den zweiten Namen weggelassen, weil wir befanden, dass er zur neuen Packung nicht passt, wobei es nur um eine neue Form und neue Verpackung geht, also neue Formate mit neuen Outfit ... gleichem Inhalt, also gleichem Grundrezept. Das Weglassen des Stiftungsnamens, das könnte wie ein Treue- oder vielleicht sogar Versprechensbruch gesehen werden. Daran habe ich bis jetzt nicht gedacht! Doch nun, wo es präsent ist, spüre ich einen starken Druck auf der Brust und Unbehagen.

Wichtige Erkenntnis Ziel der Coachingstunde erreicht

(Pause)
.... sowie auch das Gefühl, DAS ist es, worum es geht. Nun verstehe ich auch, weshalb ich intuitiv „Gott" beim Szenario 2 so weit weg und abgewandt positioniert habe. Ebenso findet das Abgewandtsein des Urgroßvaters und des Großvaters darin seinen Grund."

Beraterin: *„Was können wir hier diesbezüglich noch tun?"*

Klient: *„Ich bin betroffen, sehr betroffen, über das, was mir hier erlebbar, erfahrbar wurde. Ich bin dankbar und kann über Konsequenzen noch nichts sagen. Es wäre für mich auch unsinnig, jetzt hier schon darüber zu diskutieren, was ich mit* *der Erkenntnis mache. Ich spüre, dass die Konsequenz aus dem heraus in mir wächst: Das erste Bedürfnis ist zum Grab meines Urgroßvaters und Großvaters zu gehen und dann dieses Kloster aufzusuchen. Ich halte Sie dann auf dem Laufenden."*

Nachtrag:
Einige Wochen später teilte mir Herr Thaler mit, dass seine Firma dabei ist, die Produktion so umzustellen, dass die neuen Formen zusätzlich zur alten bestehen bleiben, das neue Outfit jedoch so geändert wird, dass der Name der Stiftung auch wieder dazu passt.
Über das Ergebnis dieser Umstellung werden wir natürlich erst später erfahren können. Herr Thaler ist sehr zuversichtlich.

Kommentar

Systemischer Hintergrund:
„Gott zieht sich zurück"
(Auswirkung einer in Vergessenheit geratenen Loyalitätsvereinbarung)

„Zugehörigkeit" als Grundbedürfnis des Menschen

Loyalität um die Zugehörigkeit zu sichern

Vereinbarungen als Mittel

Uns zugehörig fühlen (zu bestimmten Menschen, Menschengruppen, einem Gedankengut, einem Land, Religion, ...) ist eines der leitendsten Bedürfnisse. Dort, wo wir uns zugehörig fühlen und zugehörig fühlen wollen, sind wir loyal. Die Loyalität wiederum sichert unsere Zugehörigkeit. Es ist das erste Bedürfnis emotionaler Art, mit dem wir aufwachsen. Als Kind wollen wir zu unseren Eltern gehören und die Liebe fördert dieses Bedürfnis. Später entstehen noch andere Zugehörigkeitsbedürfnisse, sei es die Clique, der Freundeskreis, der Verein, die Religion ... je mehr wir dazugehören wollen, umso größer ist in der Regel die Loyalität. Die Loyalität wiederum kann man nur leben wenn es Vereinbarungen gibt, an die man sich hält (als Beweis).
Als Kind fühlen wir uns loyal (=gut, brav), wenn wir uns an die Erlaubnisse bzw. Verbote halten. Dadurch

fühlen wir uns der Zugehörigkeit sicher. Bei Übertretung spüren wir Unsicherheit, haben vielleicht Angst vor Konsequenzen oder Liebesentzug, aber in den meisten Fällen doch noch nicht vor einem Zugehörigkeitsverlust. Das ändert sich jedoch bei Zugehörigkeiten außerhalb der Familie. Diese können uns bei Nichteinhaltung der Vereinbarungen entzogen werden. Je nachdem wie sehr wir lieben oder existenziell abhängig sind, werden wir bei möglichen Verletzungen der Vereinbarungen zögern bzw. andere Lösungen suchen. Was Herrn Thaler anbelangt, war ihm die Loyalität seines Urgroßvaters in Bezug auf die Klosterstiftung wohl bewusst, jedoch die Vereinbarung, die diese Loyalität bestätigte, nicht gegenwärtig, als er die neue Verpackung zuließ.
Nun in dieser Aufstellung damit konfrontiert, erfasste er sofort völlig gefühlsstimmig den Zusammenhang und erkannte, dass das „Weglassen der Zugehörigkeitsbezeugung“ (über den Namen) zu einer großen Schwächung führte.

Problem: „Fertiggestelltes Projekt beginnt vor der Umsetzung zu scheitern"

Die Klientin, Michaela Schneider, ist angestellt in einem mittelständischen Unternehmen der Textilbranche.

Beraterin: *„Was ist Ihr Anliegen, Michaela?"*

Rollendefinition

IST-Situation

Klientin: *„Ich habe ein persönliches Anliegen. Und zwar bin ich Leiterin eines Projekts. Ich habe den Eindruck, es beginnt zu scheitern, noch bevor die Umsetzung begonnen hat. Das Projekt ist bezogen auf ein aktives Gesundheitsvorsorgeprogramm."*

Beraterin: *„Was ist Ihr Ziel mit dieser Aufstellung, was soll Gutes dabei rauskommen?"*

Anliegen ZIEL der Coachingstunde

Klientin: *„Ich möchte herausfinden, was ich dazu beitragen kann, damit das Projekt umgesetzt wird."*

Beraterin: *„Von wem kommt der Auftrag für das Projekt?"*

Klientin: *„Vom Abteilungsleiter."*

Klärung der Rolle/ Zuständigkeit

Beraterin: *„Ist er auch zuständig für die Entscheidung ob, wann, wie und von wem es durchgeführt wird?"*

Klientin: *„Er muss es noch von oberer Stelle bestätigt bekommen."*

Beraterin: *„Hat er das bereits?"*

Klientin: *„Nein. Es kam der Auftrag, und er gab ihn dann mir, und nun liegt das Projekt ausgearbeitet bei ihm. Laut seinen Aussagen hat er es an die obere Stelle weitergegeben, aber es kommt keine Reaktion."*

Konkretisierug IST-Zustand

Beraterin: *„Was sagt der Abteilungsleiter zu Ihrem Projekt?"*

Klientin: „*Er gab mir ein gutes Feedback.*“

Beraterin: „*Es liegt nun an der oberen Stelle?*“

Klientin: „*Ja.*“

Beraterin: „*Und welche Möglichkeiten sehen Sie diesbezüglich einzuwirken?*“

Klärung des eigenen Einflusses auf das Ziel

Klientin: „*Das genau möchte ich hier herausfinden.*“

Beraterin: „*Wenn wir das nun aufstellen: wen bzw. was brauchen wir dazu?*“

Klientin:
- mich als Projektleiterin
- das Projekt
- den Abteilungsleiter
- die „Oberste Stelle“

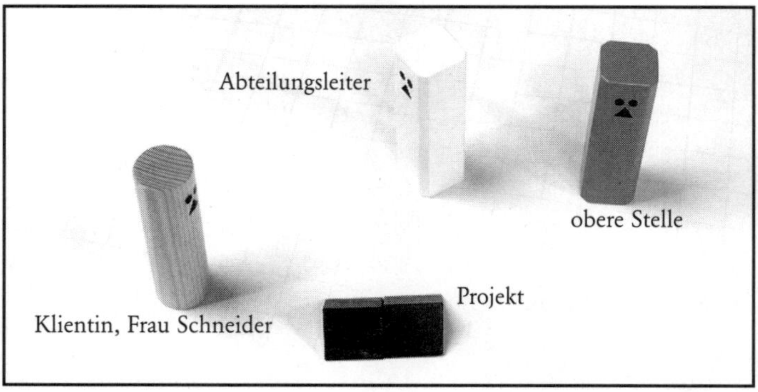

IST-Aufstellung

Beraterin: „*Wenn Sie jetzt so darauf schauen, was sehen Sie, nehmen Sie wahr?*“

Wahrnehmen des Gesamtbildes

Klientin: „*Ich schaue aufs Projekt und sehe es gut.*
Der Abteilungsleiter sieht das Projekt eigentlich nicht.
Die „obere Stelle“ schaut ganz woanders hin.“

sich hineinversetzen

Beraterin: *„Der nächste Schritt ist, dass Sie in jede Position – Person und Projekt – hineingehen und beschreiben, was Sie da erleben."*

IST-Situation aus Sicht der Klientin

Klientin an ihrem Platz: *„Ich bin auf mein Projekt ganz und gar ausgerichtet, habe viel Energie hineingesteckt und es macht mich ärgerlich und traurig, dass jetzt eigentlich nichts damit passiert. Den Abteilungsleiter nehme ich nur peripher wahr und denke, er soll was tun. Die obere Stelle ist offensichtlich gar nicht mit dem Projekt befasst, das ärgert mich."*

IST-Situation aus Sicht des Abteilungsleiters

Klientin in Abteilungsleiter versetzt: *„Die Frau Schneider ist total auf das Projekt fixiert, nimmt mich nicht wahr und auch nicht, was ich noch von ihr bräuchte."*

Beraterin: *„Was bräuchten Sie als Abteilungsleiter von Frau Schneider?"*

Ressourcen

Klientin in Abteilungsleiter versetzt: *„Noch mehr Klärung über das Projekt, damit es für die obere Stelle attraktiv wird."*

Beraterin: *„Was könnte es attraktiv machen?"*

Klientin in Abteilungsleiter versetzt: *„Das weiß ich noch nicht, möchte ich aber rausfinden."*

IST-Situation aus Sicht der obersten Stelle

Klientin in oberste Stelle versetzt: *„Ich sehe so nebenbei ein Projekt und denke, es sollte was damit geschehen. Aber ich habe Wichtigeres zu tun."*

Beraterin: *„Was müsste geschehen, dass das Projekt auch für Sie als obere Stelle wichtig wird?"*

Klientin in obere Stelle versetzt: *„Ich müsste es deutlicher sehen können und vor allem müsste mir deutlich klar gemacht werden, welche Vorteile bzw. welchen Gewinn es bringt und was es kostet und ob der Gewinn größer als die Kosten ist."*

Beraterin <u>direkt</u> an Klientin Michaela: *„Haben Sie das schon gemacht?"*

Klientin: *„Nein, wahrscheinlich nicht explizit genug. Das waren jetzt aber wichtige Informationen für mich."*

Beraterin: *„Wenn Sie die jetzt gewonnene Information anwenden, was veränderst Sich dann? Stellen Sie das dann bitte mit den Bausteinen auf."*

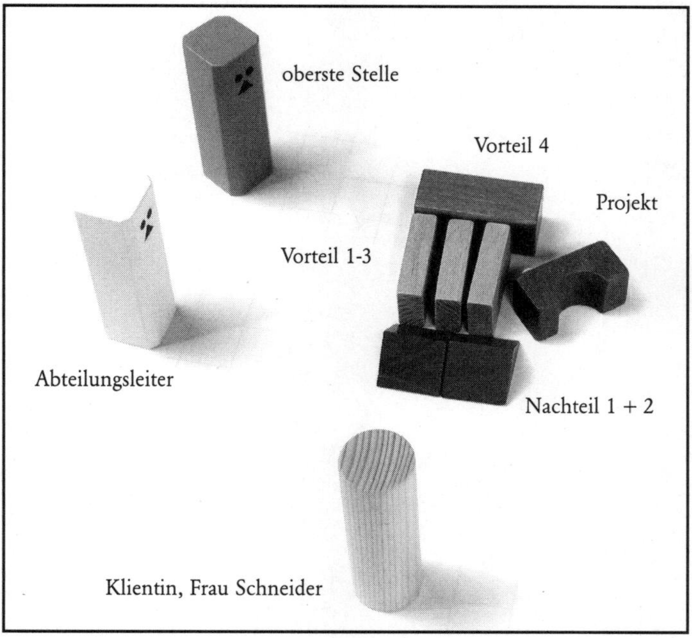

ZIEL-Aufstellung

Genaue Definition des ZIELS und erste Schritte der Umsetzung

Klientin: *„Erstens würde ich die Vorteile genau präsentieren:*

- *Vorteil 1: Die permanenten Belastungen werden reduziert.*
- *Vorteil 2: Das körperliche, geistige, seelische Wohlbefinden wird gesteigert.*
- *Vorteil 3: Die Arbeit wird effektiver und mit mehr Freude und Einsatz erledigt.*
- *Vorteil 4: Es ergeben sich Kosteneinsparungen aufgrund von „Nicht-Krankenständen".*
- *Nachteil 1 und 2: Und die „Nachteile", nämlich Aufwand und Preis, sind so gesehen keine Nachteile.*

Das Ganze lässt sich sicher zahlenmäßig ziemlich genau definieren und das werde ich machen.

Zweitens muss ich das Projekt genauso meinem Abteilungsleiter vorstellen und ihm dann vorschlagen bzw. ihn bitten, gemeinsam dieses der oberen Stelle zu präsentieren.

Ich danke für das wertvolle, informative Gespräch!"

Kommentar

Hintergrund: Unzureichend ausgearbeitete Projektvorteile.

Systemisch gesehen gibt es in diesem Fall kein Problem. Doch deutlich wird wieder, dass durch das Aufstellen und Hineinversetzten Informationen bewusst werden, die in einem Gespräch kaum bis nicht erfassbar wären. Die Frage ist also:

„Wie wird die Aufmerksamkeit für ein Projekt gewonnen?"

Thematisch zeigt sich im Fall von Frau Schneider, wie wichtig es ist, will man ein Gegenüber für ein Projekt (welcher Art auch immer) gewinnen, folgendes klar herauszuarbeiten:

Hauptkriterien die ein Projekt erfüllen muss

- Sind die Bedürfnisse, die das Projekt erfüllen soll, ausreichend bekannt und in weiterer Folge erfüllt? (Dies war im Fall von Frau Schneider gegeben; sie bestätigte dies im telefonischen Vorgespräch)
- Sind die Vorteile (Verbesserungen) eindeutig dargestellt?
- Was sind die Kosten, was ist der Gewinn? (Kurzfristig, mittelfristig, langfristig)

Ganz allgemein ist in erster Linie immer darauf einzugehen, von wem das Projekt in Auftrag gegeben wurde. Inwieweit es unter dem Einfluss des Auftraggebers steht, bzw. ob auch der Auftraggeber bestimmte Vorgaben zu erfüllen hat. Anders ausgedrückt: Sind Ziel und Meta-Ziel (unter Umständen über mehrere Hirarchieebenen) klar?

5.2 Aus dem beruflichen und privaten Bereich

Problem: „Gewissenskonflikt zwischen Mutterrolle, Beruf und Hobby“

Die 28-jährige Klientin Angela Pohlmann ist verheiratet und Mutter einer kleinen Tochter. Da sie einerseits ihrer mütterlichen Rolle voll gerecht werden möchte, andererseits aber auch ihrer kreativen Ader in Beruf und Hobby Ausdruck verleihen möchte, erlebt sie sich in einem Gewissenskonflikt.

Rollendefinition

Beraterin: *„Was ist Ihr Anliegen bzw. was ist das Problem?“*

Klientin: *„Ich liebe meine Arbeit, die Tanztherapie, und mein Hobby, das Singen. Und ich liebe natürlich meine Tochter, die jetzt 20 Monate alt ist. Ich bin bzgl. meiner Arbeit und meines Hobbys drei Tage in der Woche nicht zu Hause. Einen Tag in der Woche ist mein Mann bei unserer Tochter, zwei Tage meine Mutter. Ich habe immer wieder ein schlechtes Gewissen, weil ich so oft von meiner Tochter weg bin. Mein Ziel ist herauszufinden, ob ich Arbeit oder Hobby reduzieren muss oder ob mein schlechtes Gewissen unbegründet ist und ich so weitermachen kann.“*

Ziel für Coachingstunde

Beraterin: *„Wenn Sie jetzt die Augen schließen, entspannt durchatmen und dann Ihre Tochter wahrnehmen, wie wirkt sie auf Sie?“*

Klientin: *„Fröhlich, lebendig, zufrieden.“*

Beraterin: *„Nun, das wollen wir schon mal festhalten. Suchen Sie jetzt bitte für folgende Personen bzw. Elemente die passenden Bausteine und stellen diese dann auf:*

Bestimmen was/wer aufgestellt wird

Klientin stellt auf:
- Klientin (= sich selbst)
- Tochter
- Ehemann
- Mutter
- tanztherapeutische Arbeit
- Hobby Singen

IST-Aufstellung I

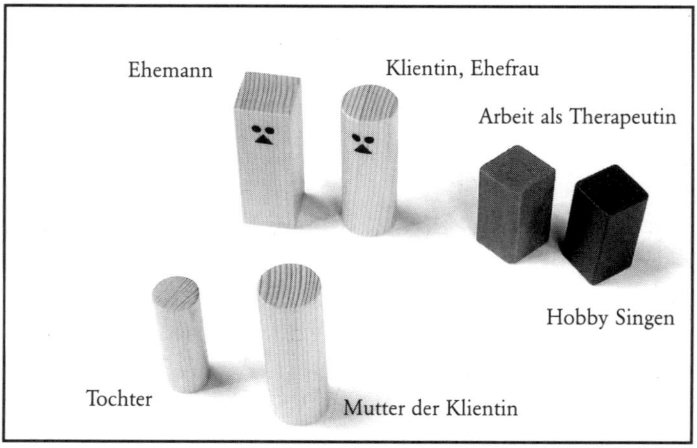

Beraterin: *„Fehlt noch was?“*

Klientin: *„Die Arbeit und das Hobby meines Mannes gehören eigentlich noch dazu und mein Vater, also der Großvater meiner Tochter auch.“*

Beraterin: *„Gut, ergänzen Sie das und versetzen Sie sich dann – beginnend bei sich selbst – in alle Personen.“*

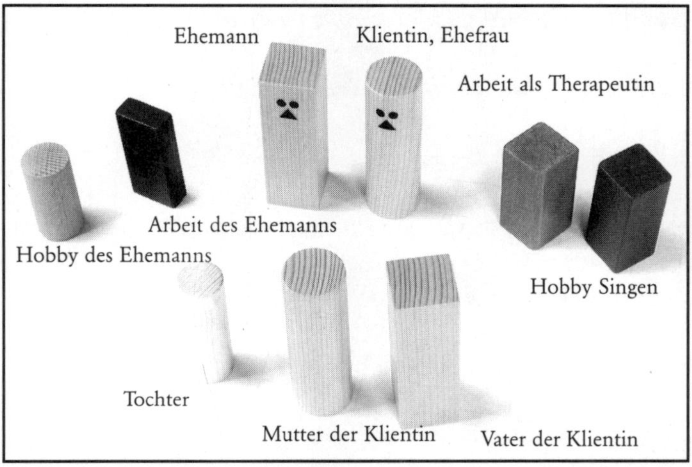

IST-Aufstellung II

Klientin in eigener Position: *„Mein Mann neben mir: Das weiß ich, das fühlt sich gut an. Ich habe meine Tochter gut im Blick und ich nehme sie als fröhliches Kind wahr, das tut mir gut, freut mich. Und ich freue mich über meine Arbeit und das Hobby, das ist gar nicht so zentral, aber griffbereit, zusagend und nährend. Guter Bezug zu meinen Eltern und das gute Gefühl, dass sie feine Großeltern sind."*

IST-Situation aus Sicht der Klientin

Klientin in Ehemann versetzt: *„Passt. Meine Frau neben mir. Das Kind ist präsent für uns. Ich habe meine Arbeit und Hobby, sie ihres. Möchte es nicht anders."*

IST-Situation aus Sicht des Ehemanns

Klientin in Kind versetzt: *„Ich fühle mich da prima, beide Eltern sind da, die Großeltern auch noch. Was die Mama da noch hat, die Arbeit und das Hobby, das finde ich interessant."*

IST-Situation aus Sicht des Kindes

Klientin in ihre Mutter versetzt: *„Es ist schön, gebraucht zu werden. Ich liebe meine Enkeltochter. Und ich bin stolz auf meine Tochter und ihren Mann, wie sie das alles schaukeln."*

IST-Situation aus Sicht der Mutter der Klientin

Klientin in ihren Vater versetzt: *„Fühle das ähnlich wie meine Frau."*

IST-Situation aus Sicht des Vaters der Klientin

Beraterin zur Klientin direkt: *„UND? Wie fühlen Sie sich jetzt?"*

Klientin: *„Erleichtert, das ist eine wichtige Erfahrung."*

Beraterin: *„Und was ist die Konsequenz?"*

Ziel der Coaching-stunde erreicht

Klientin: *„Ja, weiter machen wie bisher!"*

Beraterin: *„Gut. Wir können noch einen Test machen bzw. etwas überprüfen bzw. ergänzen. Wo befindet sich das schlechte Gewissen bei Ihrer ersten Aufstellung,?"*

Klientin stellt es hinter sich.

Beraterin: *„Wen repräsentiert das schlechte Gewissen, wer ist es?" Schlüpfen Sie noch mal in Ihre Position in der Aufstellung, um das herauszufinden."*

Systemischer Bezug (unbewusst übernommene Überzeugung)

Klientin hält eine kleine Weile inne, dann sagt sie: *„Es kommt von meiner besten Freundin. Sie hat zwei Kinder und ist restlos davon überzeugt, dass eine arbeitende Mutter keine gute Mutter sein kann."*

Beraterin: *„Wie kommt Ihre Freundin zu dieser Ansicht?"*

Klientin: *„Ihre eigene Mutter hat sie mit drei Monaten schon zu einer Tagesmutter gegeben, um ihre Karriere weiterverfolgen zu können. Das wirft ihr meine Freundin heute noch vor und sie will es auf jeden Fall viel besser machen."*

Beraterin: *„Aber was Ihre Freundin als Kind erlebte und wie Ihre Tochter jetzt aufwächst, ist das nicht doch sehr unterschiedlich?"*

Ziel der Coaching-stunde erreicht

Klientin: *„Auf jeden Fall. Mir war der Zusammenhang meines schlechten Gewissens mit meiner Freundin und ihrer Kindheit nicht so bewusst. Es ist gut, das erkannt zu haben! Und das komplexe Bild, was meine Familie anbelangt, hat mich nun geradezu erlöst: Merci!"*

Kommentar

Systemischer Hintergrund: „Das schlechte Gewissen" (Das Gewissen im Dienste unserer Bindungen)

Die Funktion des Gewissens im Dienst der Bindung

Unser Gewissen steuert unser Verhalten so, dass wir für uns wichtige Beziehungen nicht gefährden. Wir haben ein gutes Gewissen, wenn unsere Handlungen die Beziehung fördern und ein schlechtes Gewissen, wenn sie dies nicht tun. Diese Aufgabe (Funktion) des Gewissens ist den meisten Menschen nicht bewusst, obwohl jede Handlung davon begleitet ist. Wir haben für jede Beziehung ein eigenes Gewissen und dieses entsteht durch die Vereinbarungen, die wir für die gemeinsame Beziehungsgestaltung getroffen haben (gemäß den jeweiligen Vereinbarungen).

Das gute oder schlechte Gewissen hat somit keine Allgemeingültigkeit (wovon viele Menschen ausgehen) sondern bezieht sich auf die jeweiligen Übereinkünfte innerhalb der Beziehungen, die wiederum durch Werte bestimmt sind.

Vereinbarungen im Dienste des sinnvollen Funktionierens des Gewissens

Werden allerdings keine Vereinbarungen getroffen, ist es meist so, dass automatisch (unbewusst) das Gewissen aus anderen Beziehungen übertragen wird, was sicher nicht gut funktionieren kann, d.h. zu Enttäuschungen führen wird.

Im Fall von Frau Pohlmann hatte durch ihren engen Bezug zu ihrer besten Freundin deren Gewissen Einfluss auf ihr Gewissen.

Problem: „Ich kann mich nicht entscheiden":

IST-Situation

Die Klientin, Frau Huber, arbeitet in einer Firma als Designerin. Sie hat die Möglichkeit, dort zu bleiben, oder sich gemeinsam mit einem Bekannten selbständig zu machen. Als weitere Variante könnte sie sich auch noch vorstellen, sich alleine selbständig zu machen.

Beraterin: „*Was ist Ihr Problem bzw. Anliegen?*"

Klientin: „*Ich wälze mich hin und her. Ich komme nicht wirklich zu einem Ergebnis, für welche der sich mir bietenden drei beruflichen Möglichkeiten ich mich entscheiden soll.*"

Beraterin: „*Was also genau ist das Ziel dieser Beratung?*"

Ziel der Coaching-stunde

Klientin: „*Ich möchte mich entscheiden können, um wieder Klarheit über meine berufliche Zukunft zu haben.*"

Beraterin: „*Gut. Dann stellen Sie erst mal auf:*"

Klärung, wer/ was aufgestellt wird

- sich selbst
- ihre Anstellung
- Selbständigkeit mit Partner
- Selbständigkeit allein

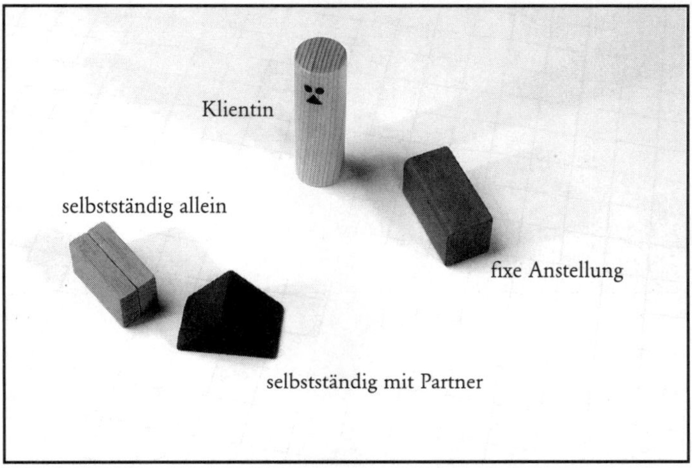

IST-Aufstellung

Beraterin: *„Wenn Sie jetzt so draufschauen, was sehen Sie, was nehmen Sie wahr?"*

Klientin: *„Ja, die fixe Anstellung ist mir am nächsten, weil ich da ja auch bin. Habe aber auch die beiden anderen Optionen im Auge, die sehen auch gut aus."*

Wahrnehmung des Gesamtbildes

Beraterin: *„Welche Vorteile hat die fixe Anstellung?"*

Klientin:

- *Vorteil 1: Meine Anstellung ist mir vertraut;*
- *Vorteil 2: macht mir zu ca. 65% Spaß;*
- *Vorteil 3: bringt mir ein fixes Einkommen, das aber besser sein könnte.*

Beraterin: *„Gut, dann stellen Sie einmal die Vorteile dazu."*

Es folgen Klärungsfragen

Beraterin: *„Welche Nachteile hat sie?"*

Klientin:

- *„Nachteil 1: habe im Jahr nur 4 Wochen Urlaub;*
- *Nachteil 2: muss zu 35% machen, was mich nicht freut;*
- *Nachteil 3: verdiene nicht sehr gut."*

Beraterin: *„Stellen Sie das noch dazu."*

IST-Aufstellung detailliert (1)

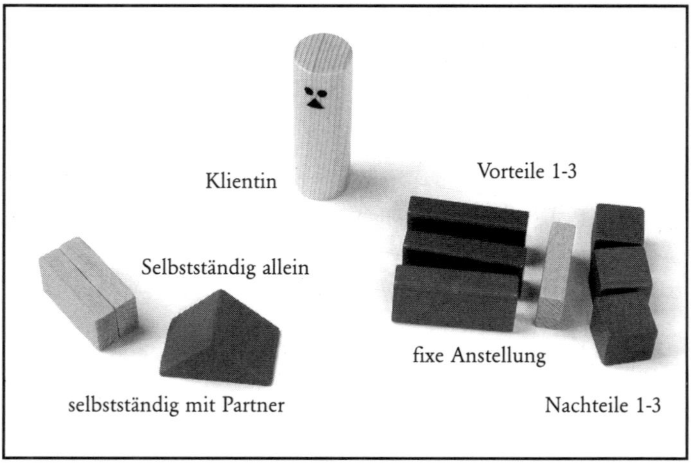

Beraterin: *„Wenn Sie das gleiche auch noch für die anderen Optionen der Selbständigkeit machen, bitte."*

Klientin: *„Vorteile der Selbständigkeit mit Partner:*

- *Vorteil 1: auch vertraut, wenn auch auf andere Art;*
- *Vorteil 2: zu 85% was mir Spaß macht;*
- *Vorteil 3: Einkommen halt unsicherer: kann viel verdienen, aber auch weniger;*
- *Vorteil 4: freie Urlaubseinteilung."*

Beraterin: *„Stellen Sie das bitte auch dazu."*

Klientin: „*Und nun Nachteile der Selbständigkeit mit Partner:*

- *Nachteil 1: Geldunsicherheit, was im negativen Fall Unannehmlichkeiten nach sich zieht;*
- *Nachteil 2: jetzt ist gutes Einverständnis mit potentiellen Partner da, aber man weiß nie, ob das so bleibt;*
- *Nachteil 3: zwar freie Urlaubsgestaltung, jedoch wird's von Einnahmen gesteuert sein, wie viel möglich sein wird.*"

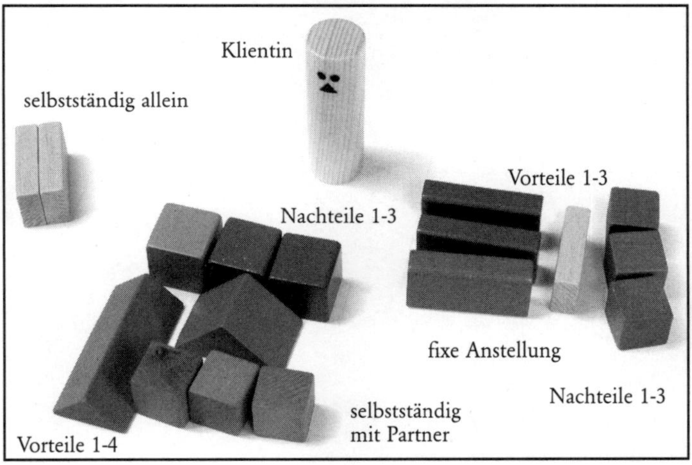

IST-Aufstellung detailliert (2)

Beraterin: „*Und welches sind die Vor- und Nachteile Ihrer Selbständigkeit alleine?*"

Klientin: „*Es sind dieselben Vorteile wie bei der Selbständigkeit mit dem Partner. Ebenso sieht es mit den Nachteilen aus, bis auf das, dass ich keine Enttäuschung mit dem Partner erleben könnte. Dafür ist der Nachteil der, eben alleine zu arbeiten.*"

Beraterin: „*Stellen Sie das einmal hin.*"

IST-Aufstellung detailliert (3)

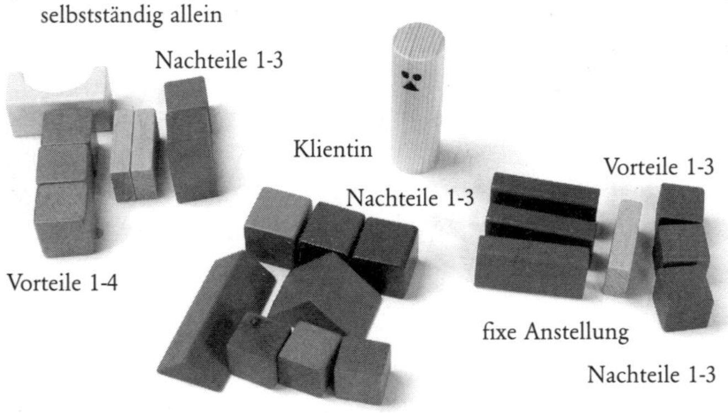

Beraterin: *Gibt es noch Kriterien, die Ihnen wichtig sind, um zu einer Möglichkeit „JA" sagen zu können?*

weiteres entscheidendes Kriterium

Klientin: *„Ja, der Arbeitsplatz sollte gut erreichbar sein und die Arbeitsstätte hell und geräumig."*

Beraterin: *„Wo trifft das zu?"*

Klientin: *„Bei allen drei Optionen. Bei meiner jetzigen Anstellung trifft das in jedem Fall zu. Es wäre mit dem Partner so und wenn ich es allein mache, dann kann ich mir zwei Räume im Nebenhaus mieten. Das allerdings müsste ich in den nächsten drei Monaten entscheiden, sonst gibt es die Möglichkeit nicht mehr."*

Beraterin: *„Sonst noch etwas? Zum Beispiel können Sie einschätzen, wie viel in etwa Sie an Einkommen hätten bei Selbstständigkeit mit Partner bzw. alleiniger Selbstständigkeit?"*

Klientin: *„Nur so ungefähr, weil die Nachfrage sich eben immer verbessern, aber auch verschlechtern kann."*

Beraterin: *„Wovon würde das jeweils abhängen?"*

Klientin: *„Am meisten von der allgemeinen Wirtschaftslage."*

Beraterin: *„Und Ihre jetzige Stelle ist immer sicher?"*

Klientin: *„Wenn die allgemeine Wirtschaftslage schlecht wird, könnte es sein, dass ich gekündigt werde."*

Beraterin: *„Könnten Sie mögliche negative Auswirkungen der schlechten Wirtschaftslage bei allen drei Optionen dazustellen?"*

mögliche negative Auswirkungen

Klientin stellt „mögliche negative Auswirkung" als Baustein zwischen sich und die Optionen, so dass der Abstand zu den drei Optionen ungefähr gleich ist.

Beraterin: *„Also, da sehen wir, dass falls es so käme in der Wirtschaft, dann träfe es möglicherweise in den Optionen der Selbständigkeit mit und ohne Partner zu, aber genauso auch in Ihrer derzeitigen fixen Anstellung?"*

Klientin: *„Höchstwahrscheinlich."*

Beraterin: *„Also ist das kein Grund, die Option Selbständigkeit mit Partner oder alleine nicht anzunehmen?"*

Klientin: *„Nein, eigentlich kaum. Vielleicht wäre ich ein wenig sicherer in der Anstellung, aber nicht zwangsläufig."*

Beraterin: *„Bei der aktuellen Wirtschaftslage, wie hoch schätzen Sie da Ihr Einkommen in den beiden Selbständigkeiten ein? Können Sie das schätzen?"*

Klientin: *„Nicht genau, aber in etwa."*

Beraterin: *„Machen wir es doch so, dass Sie einfach die jeweiligen Einkommen metaphorisch beziffert aufstellen und alles andere auch. Dann haben Sie einen noch besseren Überblick."*

Klientin beziffert die relativen Anteile in Prozent und legt diese zu den jeweiligen Bausteinen dazu.

IST-Aufstellung detailliert (4)

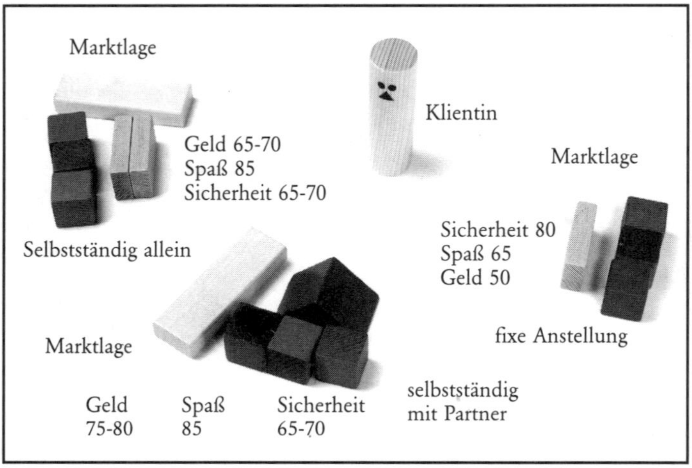

Ressourcen

Klientin: *Mir wird nun in der Komplexität vieles klarer. Gewisse Unsicherheiten werden sich nie aus der Welt schaffen lassen. Doch die sind für mich nun deutlicher, also konkreter und nicht nur ein Gefühl in mir, welches eine Blockade darstellt.*
Und auch was ich dabei gewinne, ist mir klarer.
Im Moment fühlt sich das nicht nur gut an, was ich da herausgefunden habe, sondern ist auch gut für den Verstand (Klientin lacht). *Das mit dem Partner wirkt so überzeugend, verlockend.*

Beraterin: *„Doch da ist der Unsicherheitsfaktor: Bleibt die Beziehung so wie sie ist? Gibt es da eine Möglichkeit, noch mehr Sicherheitsfaktoren zu etablieren?“*

Ressourcen

Klientin: *„Ich denke, eine klare Definition der geschäftlichen Beziehung, d.h. einen Vertrag u.s.w. Und diesen möglichen Vertrag mit ihm genau zu besprechen, das ist nun der nächste Schritt, der ansteht. Sind da dann für beide befriedigende Vereinbarungen möglich, dann fühlt sich die Selbstständigkeit mit Partner als die beste und motivierendste Variante an.*
Perfekt! Danke.“

Kommentar

Hintergrund: Unzureichendes Wissen über die eigenen Entscheidungskriterien

Systemisch gesehen gibt es bei Frau Huber, bezogen auf dieses Anliegen, kein Problem. Die Frage ist:

„Wie weiß ich, was ich wirklich will?"

Voraussetzung für eine „gute Entscheidung" ist:

Gute Entscheidungen ergeben sich aus genügend Information und Bewusstheit über die eigenen Wertekriterien

- ausreichend viel Information bezüglich jeder der zur Verfügung stehenden Möglichkeiten zu haben.
- Bewusstheit über die eigenen Kriterien bzw. Werte.

Diese Bewusstheit bildet die Grundlage für gute Entscheidungen. Ein Bewusstheitsmangel diesbezüglich muss fast zwangsläufig zu mäßig guten bis schlechten Entscheidungen führen und in weiterer Folge zu dem Problem sich generell mit Entscheidungen schwer zu tun.
„Das Gute am Jetzt" war logischerweise – wie meist bei Entscheidungsproblemen – keine „falsche" Entscheidung treffen zu wollen (wobei meist nicht bedacht wird, dass eine Nichtentscheidung auch eine Entscheidung ist).

Problem: „Ich bin zu dick“

Rollen-definition

Herr Rainer Seiler, 35 Jahre alt, erfolgreicher selbständiger Kaufmann, in Lebensgemeinschaft mit gleichaltriger Partnerin.

Beraterin: *„Was ist Ihr Anliegen?“*

Anliegen

Klient: *„Ich bin zu dick.“*

Beraterin: *„Was ist Ihr derzeitiges Gewicht?“*

IST-Zustand

Klient: *„112 kg“*

Beraterin: *„Und wie viel Kilos möchten Sie gerne haben?“*

ZIEL-Zustand

Klient: *„Zwischen 85 und 90“*

Beraterin: *„Zu welchem Zeitpunkt möchten Sie dieses Gewicht erreicht haben?“*

Klient: *„Am liebsten in 3-4 Monaten. Aber das ist unrealistisch und auch wahrscheinlich ungesund. Ich habe schon einmal eine Radikalkur gemacht, die Nulldiät, ich habe dabei super abgenommen – aber sehr bald wieder alles zugenommen. Also muss ich es langsamer angehen. Ich bin in guter ärztlicher Betreuung diesbezgl. jetzt, und es ist mein Arzt, der mich zu Ihnen schickt zur Klärung vielleicht vorhandener psychischer Gründe.“*

Beraterin: *„Welchen Zeitrahmen setzt Ihr Arzt?“*

Definition des ZIEL-Zeitpunktes

Vorhandene Ressource

Klient: *„Er meint, ich könnte das Gewicht in 9 Monaten erreichen, wenn ich seine Diät einhalte und dabei den von ihm vorgeschriebenen Sport mache. Der Vorteil ist, dass ich dabei nicht hungern muss und dass der mir verordnete Sport auch Spaß macht.“*

Beraterin: *„Das klingt ja schon mal gut und Erfolg versprechend.“*

Klient: „*Ja*"

Beraterin: „*Dann beginnen wir mit der Arbeit. Stellen Sie nur einmal zu Beginn sich selbst und Ihr derzeitiges Gewicht (metaphorisch) und daneben selbiges in 9 Monaten*"

Beraterin: „*Das ist ja fein, Sie haben ein klares Ziel genau definiert und auch den Zeitrahmen festgelegt.*
Sie haben auch bereits mit Ihrem Arzt eine Strategie erarbeitet, der Sie offensichtlich zustimmen. Aber beschäftigen wir uns vielleicht vorher noch mit der Frage; was sich in Ihrem Leben verändern wird, wenn Sie 88 kg wiegen. Und diese Veränderungen platzieren wir dann gleich zum Ziel dazu (als positive Effekte)."

Mögliche positive Auswirkungen (Ökologie)

Klient: „*Ich werde mich körperlich wohler fühlen.*"

Ressource 1

Beraterin: „*Wir platzieren am besten die jeweiligen „Elemente" gleich beim Ziel, um zu erleben, wie es sein wird.*"

Klient: *„Okay.*

Ressource 2
Ressource 3

- *ich werde dadurch besser gelaunt sein*
- *ich werde mehr fit sein"*

Beraterin: *„Noch etwas?"*

Klient: *„Ja, ich werde mich selber mehr mögen."*

Ressource 4

Beraterin: *„Wenn Sie sich körperlich wohl fühlen, besser gelaunt sind, sich fit fühlen und sich selbst mehr mögen, was hat das zur Folge?"*

Ressource 5

Klient: *„Das ergibt mehr Freude am Leben."*

Beraterin: *„Und wenn Sie mehr Freude haben am Leben, was hat das zur Folge?"*

Ressource 6

Klient: *„Ich bin zufriedener."*

Beraterin: *„Wenn wir auf die Bausteine schauen, ist die Freude und Zufriedenheit da implizit, oder kommt noch ein Stein dazu?"*

Klient: *„Ist schon einerseits mit drinnen. Aber ich tu für die Freude und Zufriedenheit noch einen Baustein dazu.*

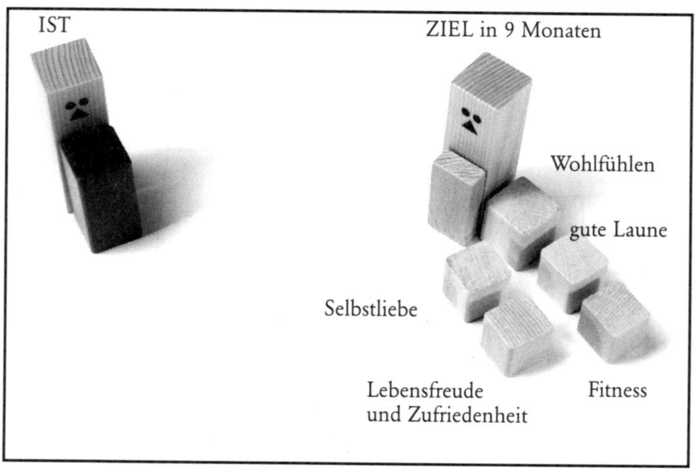

„Das sieht nun schon verlockend aus! Die positiven Auswirkungen sind Motivation."

Beraterin: *„Ja, das ist wichtig, das Ziel soll locken!"*

Beraterin: *„Wie wird Ihre Umgebung darauf reagieren? Beginnen wir bei Ihrer Lebensgefährtin."*

Überprüfung der Auswirkungen

Klient: *„Sie wird sich freuen. Erstens weil sie findet, dass es für meine Gesundheit wichtig ist und zweitens, weil ich ihr dann noch besser gefalle."*

Ressource 6
Ressource 7

Beraterin: *„Wird das Auswirkungen auf das Verhalten Ihrer Lebensgefährtin Ihnen gegenüber haben?"*

Klient: *„Sie wird stolz sein auf mich, dass ich es schaffe."*

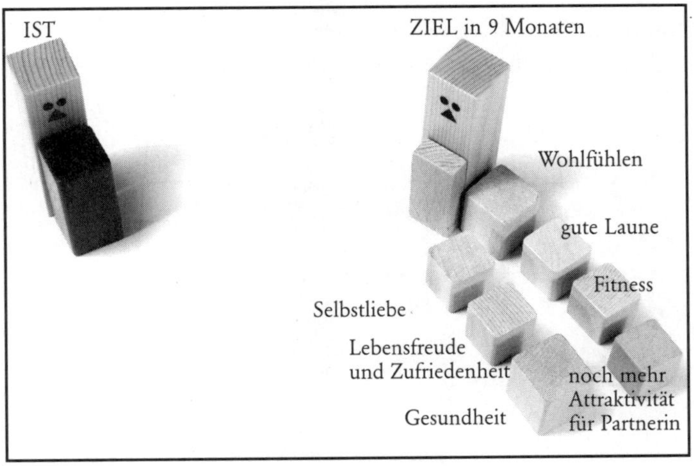

Beraterin: *„Wird sie sich anders verhalten Ihnen gegenüber?"*

Klient: *„Das glaube ich nicht; es kann aber sein, dass es sie motiviert abzunehmen, sie möchte gerne so 3-4 kg weniger haben."*

Beraterin: *„Und wie wäre das für Sie?"*

Klient: *„Also wenn ich dann 88 kg habe, dann sind ein paar Kilo weniger bei ihr auch okay, - aber für mich nicht Bedingung.“*

Auswirkung überprüfen

Beraterin: *„Wird sich sonst noch etwas in oder an Ihrem Leben ändern, wenn Sie 88 kg wiegen? Werden Sie etwas tun oder lassen (außer Essensgewohnheiten ändern und Sport betreiben)?“*

Klient: (Schüttelt zwar verneinend den Kopf; jedoch lächelt er verschmitzt dabei).

Beraterin: *„Na, was ging Ihnen gerade durch den Kopf?“*

Klient: *„Wollen Sie das tatsächlich wissen?“*

Beraterin: *„Wenn es etwas ist, was Sie tun, wenn Sie 88 kg haben, dann wärs sinnvoll.“*

mögliche Auswirkung

Klient: *„Na, ich dachte gerade, mit 88 kg bin ich ein attraktiver Mann und habe dann vielleicht die eine oder andere Affäre.“*

Beraterin: *„Und wie würde Ihre Partnerin darauf reagieren?“*

Klient: *„Ich würde es ihr nicht sagen.“*

Beraterin: *„Aber es läge im Bereich der Möglichkeiten, dass sie es entdeckt?“*

Klient: *„Na ja, schon.“*

Beraterin: *„Und was wären da die Folgen?“*

negative Auswirkung

Klient: *„Dafür hätte sie kein Verständnis. Es gäbe sicher ziemliche Auseinandersetzungen“.*

Beraterin: *„Und was wären davon die Folgen?“*

Klient: *„Schlechte Stimmung. Frustration. Im schlimmsten Fall trennt sie sich von mir."*

Beraterin: *„Wie würden Sie darauf reagieren?"*

Klient: *„Also, das wäre mir nicht recht. Ich möchte meine Partnerin schon behalten"*
(Pause)
(noch ein paar Minuten Stillschweigen)

Beraterin: *„Nun?"*

Klient: *„Ja, so durchdacht macht ein Abenteuer nicht viel Sinn. Selbst wenn sie es nicht erfahren würde, es wäre mit Lügen verbunden, was mir ein schlechtes Gewissen machen würde. Das wiederum trübt unsere Unbeschwertheit ... Und es ist mir auch gerade eingefallen, wenn es tatsächlich so weit käme, dass sie sich von mir trennen würde ich wahrscheinlich daraufhin wieder mehr essen. Frustessen sozusagen. Dann bliebe alles beim Alten, was Gewicht und Konsequenzen anbelangt, nur die Partnerin wäre ich auch noch los, das könnte zu Depressionen führen und, und, und ..."*

mögliche Auswirkung und ihr Preis

Beraterin: *„Um wieder zu Ihrem Ziel zu kommen: sehen Sie sich in der Lage mit 88 kg auf „Affären" zu verzichten aufgrund der doch sehr möglichen negativen Nebeneffekte?"*

Klärung des Umgangs damit

Klient: *„Ja, bei näherer Betrachtung wie eben jetzt, sehr wohl! – Und es gibt ja durchaus sehr erfreuliche andere positive Effekte, was die 88 kg anbelangt."*

Beraterin: *„Wollen Sie die nochmals nennen?"*

Klient: „*Gerne:*
- *Wohlgefühl körperlich, dadurch mehr Beweglichkeit und Fitness, das hat hohen Wert für mich.*
- *Dadurch gute Laune, das schätze ich auch sehr*
- *Mich selbst dadurch noch mehr mögen, was alles insgesamt zu mehr Lebensfreude, Zufriedenheit und Energie führen wird.*

weitere Klärung der Auswirkungen

Beraterin: „*Ergibt sich aus diesen neugewonnenen inneren Zuständen und der Beweglichkeit und Fitness noch etwas, was Sie dann mit dem neuen Körpergefühl machen, was Sie bis jetzt nicht getan haben?*"

Klient: „*Ich werde dann mit mehr Begeisterung und öfter meine Partnerin morgens beim Joggen begleiten, was sie freuen wird. Und ich könnte mir vorstellen, dass mich mein bester Freund dann auch wieder öfter zum Tennisspielen überreden wird können. Das tut mir und unserer Freundschaft gut.* (Stellt einen Baustein dafür auf).

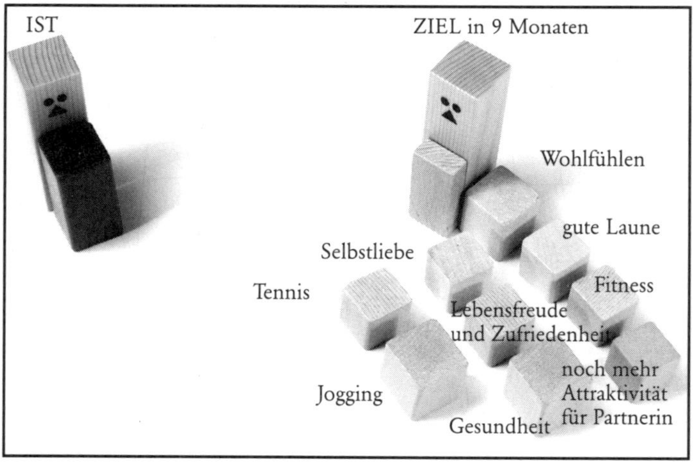

Beraterin: „*Das ist zeitlich machbar?*"

Klient: „*Ja*"

Beraterin: „*Wann? Müssen Sie dann was anderes sein lassen?*"

Überprüfung der Auswirkungen

Klient: „*Sie sind aber genau! Aber ich kann sie beruhigen: Die Tennishalle ist 5 Minuten von unserem Haus entfernt und es wird zum Beispiel anstatt Fernsehen gemacht (wie früher auch).*"

Beraterin: „*Hat die Zielerreichung noch auf etwas oder jemanden Auswirkungen im privaten oder beruflichen Bereich?*"

Klient: „*Nein, mir erscheint die Konsequenz gut geklärt.*"

Beraterin: „*Dann gehen wir zum nächsten:*
Was ist der Preis? Bzw. was müssen Sie aufgeben um das Ziel zu erreichen und den Zielzustand beizubehalten?"

Frage nach dem Preis

Klient: „*Für beides muss ich eine gewisse Disziplin aufbringen.*"

Beraterin: „*Konkret wäre das?*"

Klient: „*Die Disziplin, den Ernährungsplan einzuhalten und den vorgeschriebenen Sport wirklich zu machen.*"

Beraterin: „*Sehen bzw. erleben Sie sich dazu in der Lage?*"

Klient: „*Ja*"

Beraterin: „*Sie sagen das so leicht. Wie das?*"

Klient: „*Es gelang mir ja schon mal.*"

vorhandene Ressource

Beraterin: „*Das ist natürlich eine wertvolle Ressource. Das stellen wir mit einem Baustein als Ressource auf.*

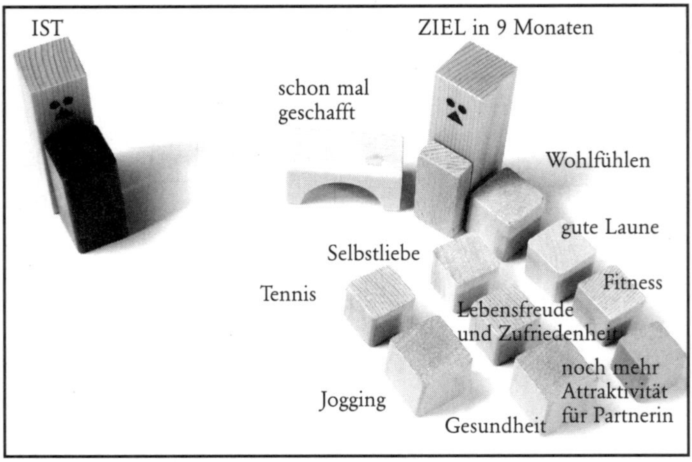

Klärung, wie der Misserfolg zustande kam

Beraterin: *„Aber Sie haben auch wieder zugenommen. Wie kam das?"*

Klient: *„Erstens war die Nulldiät nicht richtig, da nehmen alle wieder zu – ich habe das Gewicht fast ein Jahr gehalten. Zweitens war ich dann eine Zeitlang unglücklich und das hat mich wohl auch wieder mehr essen lassen."*

Beraterin: *„Was hat Sie damals unglücklich gemacht?"*

wichtige Ekenntnis

Klient: (Sagt eine Weile nichts). *„Mir geht ein Licht auf! Damals war es so, dass ich zwar noch mit meiner vorherigen Freundin beisammen war, dann mich in eine Affäre manövrierte und das dann zur Beendigung der Beziehung führte."*

Beraterin: *„Mmhm."*

Klient: *„Ja, das soll und wird mir zu denken geben." Affären sind kein gutes Ergebnis des Schlankseins. Kann ich mir sparen.*

gute Absicht hinter damaligem Verhalten

Beraterin: *„Um das sicherzustellen, ist schon sinnvoll herauszufinden, was „eine Affäre haben" Gutes für Sie tut."*

Klient: *„So eine Art Blitzbestätigung und ein bisschen mit dem Feuer zündeln."*

Beraterin: *„Und was hat das Gutes?"*

Klient: *„Das, was ich gerade sagte, mehr nicht."*

Beraterin: *„Und wenn Sie das nicht haben?"*

Klient: *„Dann fehlt mir das ein bisschen, aber zuhause fühle ich mich besser, weil's ja Betrug ist, und das macht mir meiner Partnerin gegenüber schon zu schaffen."*

Beraterin: *„Was wiegt mehr bzw. hat mehr Bedeutung für Sie: das Gefühl bei der Affäre oder das der Beziehung zur Partnerin?"*

Klient: *„Was für eine Frage, zur Partnerin natürlich."* Ressource

Beraterin: *„Das halten wir mal fest mit einem Baustein. Gutes Beziehungsgefühl zur Partnerin."*

Klient: *„Ja, mache ich."*

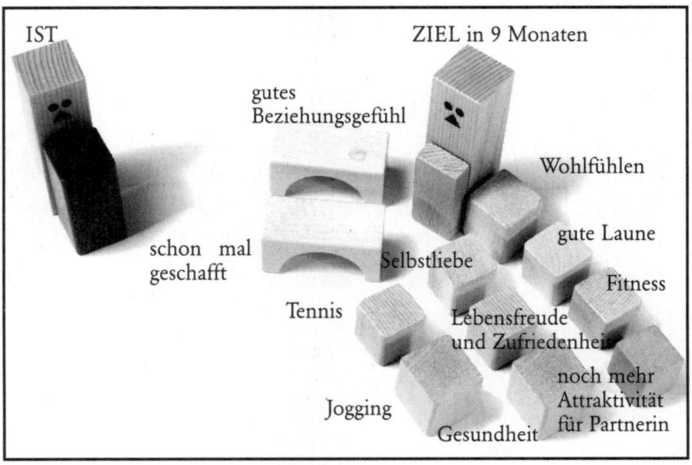

Beraterin: *„Heißt das, dass Sie an der Disziplinfähigkeit bzgl. Ernährung und Sport nicht zweifeln?"*

Ziel der Coaching-stunde erreicht

Klient: *„Zweifle ich nicht. Und ich habe jetzt, da bei Ihnen, noch eine zusätzliche Motivation gefunden, nämlich die Orientierung am Zielzustandsbild mit allem, was es mir bringt."*

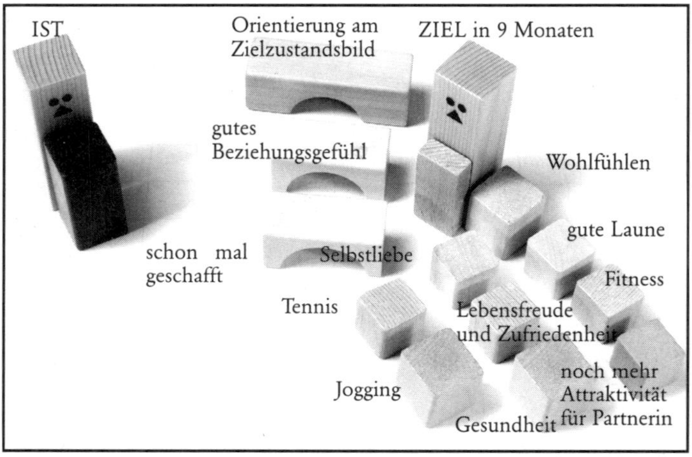

Beraterin: *„Stimmt. Was können Sie machen, dass Sie sich daran so oft wie möglich orientieren?"*

Klient: *„Ich werde mir das Bild an mehreren Plätzen befestigen."*

Beraterin: *„Gute Idee. Wo zum Beispiel?"*

Klient: *„Im Bad, dann bin ich gleich beim Aufstehen damit konfrontiert. Im Auto, dann bin ich bei der Fahrt in die Arbeit immer wieder erinnert. Ich muss auch viel per Auto erledigen, also multipliziert sich der Effekt. Und am Schreibtisch. Auch der Kühlschrank in der Küche ist ein Platz, sollte ich gerade in Versuchung geraten, wäre das ein Stoppschild. – Ja, so was! Sie machen mich ja richtig kreativ!"*

Beraterin: *„Diese Ideen, die Sie ja verwirklichen werden, geben wir auch als Ressourcebaustein dazu."*

Beraterin: *„Was wäre noch gut als Ressource um das Ziel zu erreichen?"*

Klient: *„Vielleicht pro abgenommenes Kilo eine Belohnung?"*

Beraterin: *„Alles, was motiviert und Ihnen gut tut, ist erlaubt. Und als Belohnung fällt Ihnen genügend ein?"*

Klient: *„Da können Sie sicher sein, das muss ich jetzt nicht aufzählen* (lacht) *und es sind auch keine Belohnungen, die meine Beziehung gefährden."*

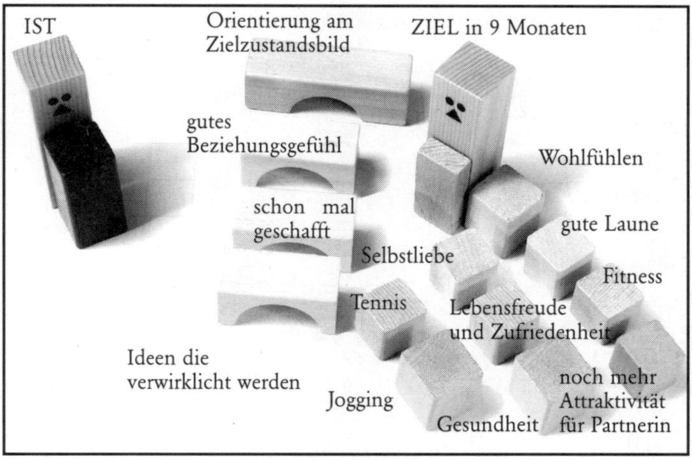

Beraterin: *„Damit unsere Arbeit hier ganz abgerundet ist, noch eine Frage:*
So wie es jetzt ist, das hat ja auch was Gutes, sonst wäre es ja nicht so. Was ist das Gute daran?"

das Gute am IST-Zustand

Klient: *„Ja sozusagen, dass ich halt ausschließlich dem Lustprinzip folge, d.h. wenn's mir zum Schlemmen ist, dann tu ich es ohne Rücksicht auf Verluste. Und wie sich nun aus Ihrer gründlichen Fragerei herausgestellt hat, tat es wohl das Gute, dass ich nicht fremd ging."*

Überprüfung der „Guten Absicht“

Beraterin: *„Und da „das Gute“ auch im Ziel vorhanden sein muss – wenn auch in veränderter Art und Weise, aber mindestens genauso motivierend – damit Sie an der Verwirklichung dran bleiben: Wo bzw. wie ist es enthalten?“*

Klient: *„Die „Diät“ ist eigentlich keine, d.h. man hungert überhaupt nicht, sondern isst sehr gute Sachen und ausreichend. Jedoch ganz speziell gewählt. Also der Schlemmereffekt bleibt zu einem hohen Grad, nur halt bewusst gewählt und ich glaube, die Lust auf eine Affäre bekam durch das genaue „unter die Lupe nehmen“ eine negative Einfärbung durch die Konsequenzen. Da umgarne ich mit meinem Charme lieber meine Partnerin, ich glaube das macht sich auch ziemlich bezahlt* (lacht).“

Beraterin: *„Und das hat sicher noch angenehme Auswirkungen für Ihr Ziel!“*

Klient: *„Ja allerdings!“*

Beraterin: *„Noch etwas wichtig?“*

Klient: *„Danke! Ich weiß, was zu tun ist.“*

Kommentar

Systemischer Hintergrund:
„Kilos als Schutz vor dem Seitensprung“
(Die Übergewichtsproblematik im Dienste der Bindung zur Partnerin)

„Unbewusst“ haben die Kilos, die zuviel sind, die Funktion Herrn Seiler davor zu schützen, dass er die Beziehung zu seiner Partnerin gefährdet. Diese Funktion hat Übergewicht recht häufig. Abgesehen davon erfüllt unkontrolliertes Essen meist auch noch andere „gute Absichten“, wie prompte Lustzufuhr, Frustabbau ...
Gerade in solchen Fällen ist das detaillierte Herausarbeiten aller positiven Effekte (auch Metaziele) des „sinnvollen Essens“ besonders wichtig um die Motivation stark zu machen und zu halten.
Solche Beratungen sollten in Kombination mit einer ärztlichen oder ernährungskundigen Abklärung erfolgen.

5.3 Aus dem familliären Bereich

Allgemein:
Die Mitglieder der Ursprungsfamilie aufzustellen erscheint dann sinnvoll, wenn ein Problem schon seit Kindheit oder Jugend besteht. Sei dies ein Lebensgrundgefühl, eine „Rolle", eine Einstellung, ein Verhalten ...

Die Mitglieder der Gegenwartsfamilie werden dann aufgestellt, wenn sich die beschriebene Problematik auf diese bezieht.
Es kann sich auch als sinnvoll erweisen, eine Kombination der beiden Familien aufzustellen.

Problem: „Belastung des Lebensgrundgefühls" (Zerrissenheit, Ambivalenz)

Marina Karner, 33 Jahre und ledig, ist als Künstlerin erfolgreich.

Beraterin: *„Was ist Ihr Anliegen bzw. Problem?"*

Klientin: *„Ich leide eigentlich, seit ich denken kann, an einem Zerrissenheitsgefühl, das aber im letzten Jahr dann vermehrt zu einem Druck im Herzbereich geführt hat. Außerdem fühle ich mich oft ambivalent, was dazu beiträgt, dass ich mich extrem schwer entscheiden kann."*

IST-Zustand

Beraterin: *„Und das Ziel wäre?"*

Klientin: *„Mich nicht zerrissen fühlen, mich nicht ambivalent fühlen, mich entscheiden können."*

Ziel noch negativ formuliert

Beraterin: *„Dort wo Sie „nicht" sagen, wie möchten Sie sich anstatt fühlen?"*

Klientin (lacht): *„Da fällt mir gleich gar nichts spontan ein, weil ich schon immer mit diesem Gefühlen durch die Welt laufe. Ja, ich möchte mich ganz in meiner Mitte fühlen und ich vermute eigentlich, dass sich dann die Ambivalenz von selbst auflöst."*

ZIEL positiv formuliert

Beraterin: *„Woran würden Sie erkennen, dass Sie sich in Ihrer Mitte fühlen? Gibt es Situationen, wo das der Fall ist?"*

ZIEL Konkretisierungsfrage

Klientin: *„Ja, in meiner künstlerischen Arbeit. Ich bin Bildhauerin und „im Tun" fühle ich mich absolut in meiner Mitte, also aufrecht, innerlich warm und energetisch stark."*

genaue Zieldefinition

Beraterin: *„Und wo bzw. wann ist das Zerrissenheitsgefühl da?"*

Konkretisierung des IST-Zustandes

Klientin: *„Nur in Situationen, wo ich mit Menschen zu tun habe."*

Beraterin: *„Nachdem Sie sagen, Sie kennen das Gefühl seit Sie denken können, wäre es hilfreich mit den Bausteinen Ihre Familie aufzustellen. Wer gehört dazu?"*

Klärung, was aufgestellt wird

Klientin: *„Meine Mutter, mein Vater und ich."*

Aufstellung IST-Zustand

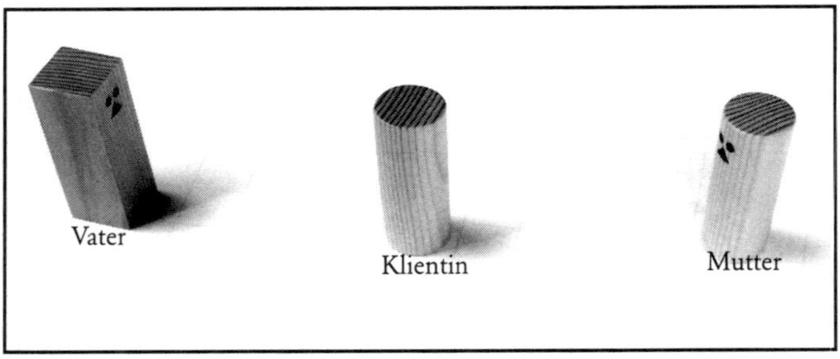

Beraterin: *„Wenn Sie sich das anschauen, fällt Ihnen etwas Bestimmtes auf?"*

Wahrnehmung des Gesamtbildes

Klientin: *„Ja, dass es immer so war und nach wie vor ist, wenn ich meine Eltern besuche."*

Beraterin: „*Und zwar wie?*"

Klientin: „*Dass ich immer in der Vermittlerposition bin und Prellbock. Die beiden streiten auf Mord und Brand* (Totschlag)."

Systemischer Bezug

Beraterin: „*Würden Sie sich nun nacheinander in alle drei Personen richtig hineinbegeben, um es aus allen drei Positionen zu erleben.*"

sich hineinversetzen

Klientin: „*Glaube eigentlich, dass ich's zur Genüge kenne; aber ich mach's schon.*"

Beraterin: „*Wenn Sie sich bitte Zeit lassen, ein paar Mal ruhig durchatmen, die alten Erfahrungen einmal gleichsam zur Seite stellen, um frei bzw. offen zu sein für neue Erfahrungen diesbezüglich.*"

Klientin in eigener Position: „*Puh, ich bekomme gleich den Herzdruck. Fühle mich zwischen beiden zerrissen. Ich liebe beide. Ich möchte, dass sie sich auch untereinander lieben. Sie tun es ja auch immer wieder, aber dann geht's wieder los mit dem Kampf. Ich will sie dann voreinander schützen. Das macht mich fertig. Ich könnte weinen, krieg aber auch Wut. Aber ich habe das Gefühl, ich kann da nicht raus, sonst tun sie sich was an.*"

IST-Situation aus Sicht der Klientin

Klientin in Mutter: „*Gut, dass unsere Tochter da ist, da kann er* (der Mann), *wenn er so spinnt, nicht an mich ran. Wäre sie nicht da, würde ich davonrennen.*"

IST-Situation aus Sicht der Mutter

Klientin in Vater: „*Die Tochter tut mir Leid, muss wirklich scheußlich für sie sein, und ich versuche mich eh zu beherrschen, gelingt halt selten.*"

IST-Situation aus Sicht des Vaters

Beraterin zur Klientin: „*Haben Sie was Neues erfahren?*"

Klientin: „*Oh ja! Erstens dass es genau dieses Gefühl ist, das in anderen sozialen (zwischenmenschlichen) Situationen auf-*

Systemischer Bezug

taucht. Es braucht offensichtlich nur einen minimalen ähnlichen Aspekt und der dient schon als Auslöser dafür, mich innerlich genau zwischen meinen Eltern zu fühlen und dann genau so zu agieren, wie ich es bei ihnen tat und heute noch tue: Vermitteln, schlichten, verteidigen ... Aber wie kann ich das ändern?"

Die Beraterin erklärt die Hintergründe: nämlich das Bedürfnis des Kindes zu helfen aus Liebe, die vergebliche Liebesmühe, weil die Hilfe nicht wirklich ankommen kann. Die Folgen, wenn die Rangordnungen nicht eingehalten werden. Die Notwendigkeit, die Rangfolge anzuerkennen und den wichtigen Schritt, sich auf den Platz der vorgegebenen Rangordnung zu begeben (gemäß der zeitlichen Reihenfolge).

Beraterin weiter zu Klientin: *„Das würde dann so zu vollziehen sein: Sie gehen ganz bewusst, mit allen Sinnen und ganzem Herzen aus der alten Position heraus, in eine Entfernung, von der aus Sie beide Eltern gut wahrnehmen können."*

Aufstellung zur Lösung der Verstrickung

Beraterin: *„Ich zeige Ihnen das mit den Bausteinen und Sie vollziehen es innerlich mit."*

Ressource

Klientin (beobachtet zuerst den Vorgang und bei geschlossenen Augen vollzieht sie es dann): *„Nun stehe ich wirklich dort. Das fühlt sich natürlich völlig anders an. Und mit dem Wissen, das Sie mir vorher vermittelt haben, und das Wissen*

leuchtet mir ja gleich ein, halte ich es sozusagen aus, nicht gleich wieder einzuspringen.
Hier auf dem Platz sehe ich die beiden als meine Eltern und bin aus dem „Gehacke" draußen."

Ressource

Beraterin: *„Jetzt ist noch wichtig, dass Sie dem auch in Worten und Gefühl Ausdruck verleihen. Sie sehen die beiden genauso wie hier aufgestellt vor sich und sagen zu beiden:"*
„Ihr seid meine Eltern und ich bin eure Tochter."

Lösung aus Verstrickung

Die Klientin wiederholt diesen und die folgenden „Lösungssätze" in ihrem eigenen Tempo und mit geschlossenen Augen, als würde sie sich jeweils ihren realen Eltern zuwenden.

Beraterin leitet weiter mit den „Lösungssätzen":
„Ich achte und liebe euch als meine Eltern."
„Wie Ihr beide eure Beziehung als Paar lebt, das geht mich als euer Kind nichts an."
„Das ist allein Eure Sache und bleibt ausschließlich in eurer Verantwortung."
„Ich halte mich da ab heute ganz raus."

Beraterin zur Klientin: *„Sie können nun gerne in Ihrer Vorstellung näher zu den Eltern treten, mit ihrer linken Hand die rechte Hand Ihres Vaters nehmen und mit Ihrer rechten Hand die linke Hand der Mutter, so dass Sie beide gut spüren und nun beiden nochmals in Ihren eigenen Worten Ihre Liebe und Achtung sagen und auch für alles, was Sie von den Beiden bekommen haben, danken und Ihnen versichern, dass Sie sicher was Gutes draus machen. Und dann gehen Sie wieder zurück in die vorige Position, wo Sie beiden aus guter Distanz zugewandt sind.* (Pause)

Wie fühlt sich das nun an?"

Klientin: *„Befriedigend! Und ich habe erstmals das Gefühl, nicht mit dem beschäftigt zu sein, was ihre Probleme sind,*

Ziel der Coaching-stunde erreicht

sondern eine Tochter zu sein, die ja gute Eltern hat und auch wahrzunehmen, was ich alles von ihnen bekommen habe. Das tut sehr gut."

Test

Beraterin: „*Und wenn Sie das innere Gefühl erspüren, fühlt es sich nach „in der Mitte sein" an? Das ist ja das Ziel.*"

Klientin: „*Genau* (spürt nach). *Ja, es fühlt sich so an und nach Sicherheit und beschenkt sein.*"

Beraterin: „*Sie werden selbst erspüren, wie lange es für Sie sinnvoll ist, immer wieder in diese Position in Ihrer Vorstellung zu gehen* (sich zu assoziieren bis dieses Gefühl ganz verinnerlicht ist) *...und nach einer Weile ist es für uns als Erwachsene wichtig, die Eltern hinter uns zu spüren/wissen, etwa so:*"

ZIEL-Aufstellung

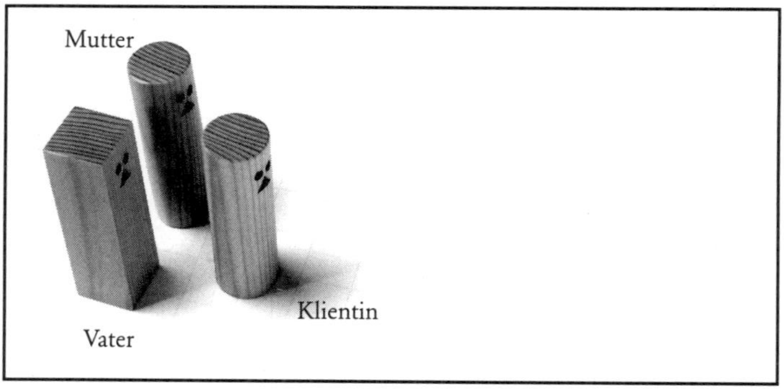

Klientin: „*Und wenn ich jetzt meine Eltern besuche und sie mich wieder in ihre Probleme verwickeln wollen, was mehr von meiner Mutter ausgeht, dann kann ich es ja genauso sagen und tun wie gerade hier.*"

Beraterin: „*Genau.*"

Klientin: „*Besten Dank.*"

Nachtrag:
Nach ungefähr vier Monaten kam ein Schreiben von dieser Klientin, in dem sie berichtete, dass ihr dieses Hineinversetzen in die neue Position sehr geholfen hat. Sie tat dies meist drei- bis viermal am Tag. Dabei nahm sie wahr, wie sich das neue Gefühl dadurch immer mehr verstärkte und ihr gleichzeitig half, der Versuchung, den Eltern doch in deren Paarkonflikten beizustehen, zu widerstehen. Dasselbe gilt für ihr sonstiges soziales Leben. Das Aufstellungsbild und das Hineinassoziieren (Hineinversetzen) sind der Anker, um auf das „alte Verhalten mit den dazugehörenden Gefühlen“ verzichten zu können. Zunehmend konnte sie die Freiheit des sich-nicht Einmischens und das Gefühl des „in-der-Mitte-seins“ genießen.

Kommentar

Systemischer Hintergrund: „Die Vermittlerrolle" (Verletzung der Rangordnung: Triangulierung)

Das Entstehen belastender Gefühle aus einer Verstrickung.

Die Position zwischen den Eltern, wo das Kind Vermittler- bzw. Beschützerrolle hat, ist sehr schlimm. Das Kind wird in etwas hineingezogen, was es nichts angeht, es strengt sich nach allen Kräften an, diese Rolle gut zu erfüllen, weil es die Eltern liebt.
Das Kind ist dabei jedoch restlos überfordert, innerlich zerrissen, natürlich oft traurig, aber auch wütend. Es erlebt sich zwischen großen Rettergefühlen und Ohnmacht hin- und hergerissen.
Dies ist dann als ein häufig wiederkehrendes Lebensgrundgefühl.

Maßnahmen um diese Verstrickung zu vermeiden

Manchmal werden Kinder von Eltern in diese Rolle genommen. Aber Kinder gehen auch oft von selbst in diese Rolle, weil sie unglücklichen Eltern immer helfen wollen.
Das heißt, es geht nicht darum, dass nie gestritten werden dürfte, sondern dass Kinder nicht in den Konflikt hineingezogen werden. Sie müssen klar vermittelt bekommen, dass die Konflikte der Erwachsenen nur die Erwachsenen etwas angehen und von ihnen selbst gelöst werden. Und vor allem auch, dass ein Konflikt nicht die Liebe bzw. Zusammengehörigkeit der Eltern gefährdet. Denn das ist immer die größte Sorge der Kinder.
Sollten die Konflikte zur Trennung führen, kann es für alle in der Familie nur dann gut weitergehen, wenn man zwar als Paar auseinander geht, doch die Elternschaft, die ja immer bestehen bleibt, gut und konstruktiv lebt. Und das ist unter folgenden Bedingungen gegeben:

- Die Eltern sind zwar als Mann und Frau nicht mehr zusammen, jedoch als Eltern bleiben sie dem Kind erhalten.
- Die gegenseitige Achtung muss trotz Trennungsgrund erhalten bleiben, was heißt, der jeweils andere Elternteil darf bei den Kindern nicht „schlecht gemacht“ werden.

Dies beinhaltet, dass im Kind der andere Elternteil geachtet wird. Wird dies nicht gemacht, beginnt das Kind den Teil in sich, der durch Mutter bzw. Vater in ihm lebt, abzulehnen. Somit wären Probleme zum Beispiel in Bezug auf Gesundheit, Lebenserfolg, Partnerschaft ... vorprogrammiert.
Wird jedoch der jeweils andere Elternteil im Kind geachtet, fühlt sich das Kind in Ordnung, angenommen und gut.

- Dies impliziert, dass das Kind das Recht hat, beide Eltern zu lieben und darin unterstützt wird.
- Wann, also zu welchen Zeiten, das Kind bei welchem Elternteil ist, ist von den Eltern zu bestimmen. Das darf nicht dem Kind überlassen werden, denn damit käme es in Loyalitätskonflikte, die schmerzhaft sind und langfristige Folgen haben können.

Es kommt also auf die innere Haltung zum anderen Elternteil an, um den Kindern, ob mit oder ohne Trennung, gute Entwicklungschancen zu ermöglichen.

Problem: „Burn-Out-Syndrom“

Stefan Haller, 37 Jahre, ist Geschäftsführer, verheiratet und Vater einer Tochter.

Beraterin: *„Ihr Anliegen?“*

Klient: *„Ich bin geschickt von meinem Hausarzt, der ein Burn-Out-Syndrom bei mir diagnostiziert hat. Er meinte, dass ich neben einer medizinischen Behandlung mir mögliche emotionale oder seelische „Mitverursacher“ anschauen sollte.“*

IST-Zustand

Beraterin: *„Waren Sie schon jemals bei einem Psychologen?“*

Klient: *„Nein.“*

Beraterin: *„Glauben Sie selbst, dass auf dieser Ebene „etwas“ mitverursachend sein könnte?“*

Klient: *„Mit geht's ja gut, hab' alles, was ich mir wünsche, also tue ich mich mit dieser Annahme schwer. Nur Stress habe ich halt viel.“*

Beschreibung IST-Zustand

Beraterin: *„Wodurch entsteht denn der Stress?“*

Klient: *„Geschäftsführer eines großen Unternehmens zu sein, heißt viele Aufgaben mit wenig Zeitaufwand sehr gut zu erledigen.“*

Beschreibung IST-Zustand und Rollendefinition

Beraterin: *„Sie schätzen also den Stress und seine Folgen berufsbedingt ein?“*

Klient: *„Ja.“*

Beraterin: *Heißt das, dass Sie sich seit der Übernahme dieser Position so ausgebrannt fühlen?“*

Fragen zur Eruierung des Auslösers

Klient: *„Nein, dieses Gefühl begann vor ca. 1½ Jahren. Die Position habe ich bereits seit sechs Jahren.“*

Beraterin: „*Ist zu der Zeit was Besonderes vorgefallen?*"

Klient: „*In der Firma? Nein.*"

Beraterin: „*Zusätzliche Aufgaben?*"

Klient: „*Nein.*"

Beraterin: „*Personelle Veränderungen?*"

Klient: „*Nein.*"

Beraterin: „*Private Veränderungen?*"

Klient: „*Nein.* (Bewegt den Kopf zurück und blickt lange nach oben links, während seine Mundwinkel zitterten)"

Beraterin: „*Was oder wen sehen Sie?*"

Klient (etwas erstaunt über die Frage): „*Meine Mutter im Krankenhaus.*"

Beraterin: „*Was war passiert?*"

Mögliche Auslöser für IST-Zustand

Klient: „*Ein Schlaganfall.* (Pause)
Stimmt, das geschah genau vor 1½ Jahren. Seither ist ihre Lebensqualität natürlich sehr eingeschränkt."

Beraterin: „*Wer kümmert sich um sie?*"

Klient: „*Ich brachte sie in ein sehr gutes Pflegeheim. Ungefähr 45 km von unserem Zuhause entfernt. Ich versuche, sie so oft als möglich zu besuchen, sie hat sonst niemanden mehr.*"

Beraterin: „*Ihr Vater? Also der Mann Ihrer Mutter?*"

Klient: „*Er verließ meine Mutter, als ich 9 Jahre alt war.*"

Beraterin: „*Haben Sie ihn dann noch gesehen?*"

Klient: „*Er wollte das sehr, hat auch darum gekämpft, aber meine Mutter wollte das nicht und so habe ich ihr zuliebe meistens auf Besuche bei ihm verzichtet. Das hat mich geschmerzt, aber ich wollte ihr gegenüber loyal sein.*"

Beraterin: „*Und heute als Erwachsener? Sehen Sie Ihren Vater?*"

Klient: „*Mein Vater verstarb vor 10 Jahren, als ich 27 Jahre alt war. Ich habe es meinem Patenonkel zu verdanken, dass ich ab meinem 18. Lebensjahr meinen Vater wieder regelmäßig sah und wir eine gute, für mich heilsame Beziehung hatten. Denn mein Taufpate sagte mir am 18. Geburtstag: „Stefan, erwachsen ist man dann, wenn man dort, wo es richtig und wichtig ist, moralisch lügen kann. Dein Vater ist Dein Vater, Du hast ein Recht auf ihn und er auf Dich! Du musst Deine Mutter über die Wiederaufnahme Eurer Treffen nicht informieren. Es ist nichts, was gegen sie ist, aber wichtig für Dich.*"
Ja, so hat er das gefördert und das war ein Segen. Er hat es dann auch ein Jahr später meiner Mutter gesagt und nachdem sie ja nun eingestehen musste, in diesem Jahr „nichts verloren zu haben", konnte sie auch zustimmen."

Beraterin: „*Wenn Sie das nun aufstellen.*"

Klient (lächelt, sagt eine Weile nichts und kann sich mit dem ersten Baustein in der Hand nicht entschließen)

Beraterin: „*Was gibt's?*"

Klient: „*Es fühlt sich so an wie zwei Seelenbilder: ein früheres, das aber auch noch wirkt und so wie's jetzt ist.*"

Beraterin: „*Dann stellen Sie beides auf.*"

Klient: „*Das „frühere", aber immer noch wirksame*"

IST-Aufstellung in Bezug auf die Eltern

Wahrnehmung des Gesamtbildes

Beraterin: „*Wenn Sie das so wahrnehmen, wie ist das für Sie?*“

Klient (schmunzelt): „*Sieht wohl so aus, dass ich Partner für meine Mutter bin, weil ja der Vater weg ist.*“

Beraterin: „*Und wenn Sie sich nun in die Personen hineinversetzen...*“

sich hineinversetzen

Klient in eigener Position: „*An und für sich nicht schlecht diese Position. Fühle mich stark, sogar fast mächtig. Vor allem sehr wichtig für meine Mutter, das erfüllt mich mit Stolz.*“

Beraterin: „*Noch etwas?* (Die zuerst aufrechte Haltung des Kienten beim Hineinversetzen in diese Position veränderte sich nämlich, indem er begann, die Schultern hochzuziehen)“

Klient: „*Na ja, je länger ich da drin verweile, um so mehr kommen auch unangenehme Gefühle dazu, wie Angespanntsein, Druck, Belastung, Unfreiheit ...*“

Beraterin: „*Wodurch entstehen diese Gefühle?*“

Klient: „*Durch die Verantwortung für die Mutter, obwohl ich es auch gerne mache.*“

Systemischer Bezug

Klient in Mutter (nach einer Weile): „*Das fühlt sich wunderbar an mit meinem Sohn. Er ist ganz an meiner Seite, physisch wie psychisch. Er gibt mir Sicherheit, Geborgenheit, Liebe.* (Pause) *Er ersetzt voll meinen Mann. Er ist sogar besser als mein ehemaliger Mann.*“

IST-Situation aus Sicht der Mutter

Klient in Vater: „*Meine Frau hat mich ins Abseits gestellt. Zeigt mir die kalte Schulter, will nichts mehr mit mir zu tun haben. Versperrt mir den Weg zum Sohn. Ich schau auf meinen Sohn aus der Ferne, sehne mich nach ihm. Aber ich sehe mich chancenlos.*“

Beraterin zu Klient direkt: „*Nun wieder zu Ihnen! Was sagen Sie zu den eben gemachten Erfahrungen?*“

Klient: „*Das war mir natürlich schon bewusst, aber nicht so deutlich und vor allem nicht so spürbar wie jetzt eben. Und da gehen mir mehrere Lichter auf.*“

Erkenntnis

Beraterin: „*Vielleicht sollten Sie auch gleich noch das „Jetzt“ aufstellen, das klärt dann in der Gegenwart wahrscheinlich noch mehr.*“

Klient: „*Einverstanden.*“

Beraterin: „*Was ist dabei wichtig?*“

Klient: „*Ich würde sagen:*

- meine Frau
- unser Kind, 5 Jahre alt.
- meine Mutter
- meine Arbeit.

Klärung wer/ was aufgestellt wird

Beraterin: „*Und Sie selbst!*“

Klient: „*Genau.*“

Klient stellt auf:

Aufstellung IST-Zustand in Bezug auf die Jetzt-Familie

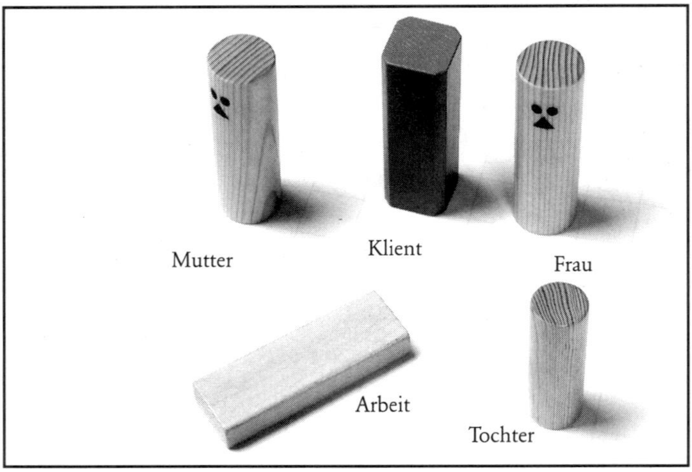

Wahrnehmung des Gesamtbildes

Beraterin: *„Wenn Sie zuerst nur mal drauf schauen, was fällt Ihnen auf?"*

Klient: *„Dichtes, sehr dichtes Programm! Wenig Spielraum. Viel Forderung an mich."*

Beraterin: *„Wenn Sie sich nun wieder in die einzelnen Positionen versetzen."*

IST-Situation aus der Sicht des Klienten

Klient in eigener Position: *„Kaum Luft zum Atmen. Große Forderungen von der Arbeit, obwohl ich da schon auch mit Freude und Stolz hinschauen kann.*
Große Verantwortung für meine Mutter. Natürlich schon auch Liebe für sie."

Beraterin: *„Fühlt es sich anders an als in der vorigen Aufstellung?"*

Klient (hält inne, spürt länger nach, atmet schwerer): *„Einerseits ähnlich, doch mit noch größerer Verantwortung und Sorge, fast auch wie ein bisschen Schuld."*

Beraterin: „*In Bezug worauf?*"

Klient: „*Klingt jetzt komisch, ist aber so: als hätte ich sie allein gelassen – was ja nicht stimmt – und ich sollte, müsste mehr für sie tun!*"

Beraterin: „*Immer noch ein Gefühl, ihr Partner zu sein?*

Klient (dauert eine Weile):
„*Jetzt fast wie ein Vater (wieder Pause),*
... der nicht genügend auf seine Tochter schaut. Aber auch noch ein Stück vom alten Gefühlt, das ich schon in der anderen Aufstellung beschrieb."

Systemischer Bezug

Beraterin: „*War mit dem Vater Ihrer Mutter etwas besonderes?*"

Klient: „*Er fiel im Krieg, als meine Mutter 9 Jahre alt war und er fehlte ihr dann sehr. Sie wuchs dann mit ihrer Mutter alleine auf – so wie ich dann mit ihr! – auch! sogar beide ab dem 9. Lebensjahr!!*"

Beraterin: „*Wenn Sie sich nun weiter in Ihre Position hier in der Aufstellung einfühlen, ist noch etwas zu sagen?*"

Klient in sich selbst: „*Ja, selbstverständlich! Meine Frau ganz an meiner Seite, das ist schön. Unserem Kind fühle ich mich zwar schon nahe, aber gleichzeitig fällt meine Aufmerksamkeit einfach mehr auf meine Arbeit und meine Mutter.*"

IST-Situation aus der Sicht des Klienten

Klient in seiner Frau: „*Das ist gut mit meinem Mann. Dass viel von seiner Energie in die Arbeit geht, war von Anfang an klar, ich kann damit leben. Seine Mutter sehe ich eigentlich kaum, nehme aber wahr, dass sie ein Belastung für meinen Mann ist. Unser Kind ist super.*"

IST-Situation aus der Sicht seiner Frau

Klient in seinem Kind: „*Mir geht's prima.*"

IST-Situation aus der Sicht seines Kindes

IST-Situation aus der Sicht seiner Mutter

Klient in seiner Mutter: „*Ein wunderbarer Sohn. Er tut für mich, was er kann, das spüre ich. Trotzdem fehlt er mir.*“

IST-Situation aus der Sicht der Arbeit

Klient in Arbeit: „*Ich nehme einen festen Platz ein, krieg viel Beachtung und konstruktive Energie!*“

Beraterin direkt zu Klient: „*Ja, Herr Haller, sehen Sie nun einen Zusammenhang zwischen Burn-out-Syndrom und ihrem Lebensalltag bzw. der emotional-seelischen Ebene?*

Erkenntnis

Klient (lacht): „*Das ist ja nun wirklich nicht mehr im Verborgenen! Sehr aufschlussreich.*“

Ressourcen Frage

Beraterin: „*Welches Gefühl bzw. welchen Zustand bräuchten Sie nach der Erfahrung nun am meisten?*

Klient: „Weniger Druck, mehr Entspannung, mehr Freiraum.“

Beraterin: „*Und wodurch oder wie könnte sich das in Ihrem Leben einstellen? Können Sie mir das anhand der Aufstellung zeigen?*“

Klient (denkt nach, fühlt nach und stellt dann sehr achtsam):

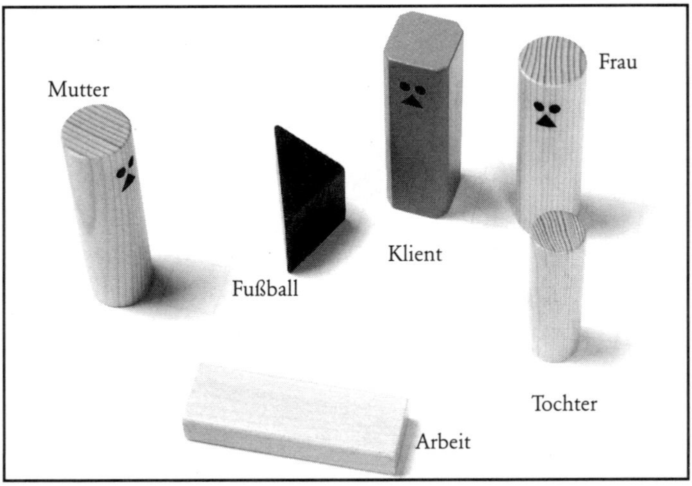

Beraterin: „*Da ist ja jetzt noch eine Element dazu gekommen.*"

Klient (strahlt): „*Ja! „Fußball". Ich war immer ein begeisterter Fußballer, und das geht mir sehr ab.*"

Ressource

Beraterin: „*Und wenn Sie mir nun „gelebterweise" diese Aufstellung beschreiben bitte:*"

Klient: „*Der Bezug zu meiner Frau bleibt wie er war. Unser Kind rückt ein bisschen mehr in meinen Blick. Fußball spielt wieder eine Rolle. Meine Mutter nehme ich aus etwas mehr Distanz liebend wahr. Und das gleiche gilt für die Arbeit: selbstredend, mein Engagement bleibt, doch alles aus etwas mehr emotionaler Distanz.*"

Ziel der Coaching-stunde erreicht

Beraterin: „*Könnten Sie sich vorstellen, mir einen konkreten Umsetzungsplan zukommen zu lassen? Und daraus würde sich ja zeigen, ob noch was zu tun ist.*"

Vereinbarung zur Sicherung der Zielerreichung

Klient: „*Mach ich gerne. Ich schätze in zwei bis drei Wochen liegt er in Ihrem Postfach.*"

Beraterin: „*Fein! Noch was für heute wichtig?*"

Klient: „*Könnte ich fünf Minuten Auszeit haben, dann kann ich dem noch nachspüren.*"

Beraterin: „*Gerne.*"

Klient nach 5 Minuten: „*Ich bin mit dem heutigen Ergebnis hoch zufrieden. Das einzige, was mir nicht klar ist, ist, wie ich tatsächlich die Entlastung in Bezug auf meine Mutter finde und dies dann auch mit einem guten Gefühl leben kann.*"

Beraterin beschreibt, wie wichtig es ist, die Zuständigkeiten (Aufgaben) gemäß der Rangordnung einzuhalten. Begibt man sich auf einen Platz (in die Rolle) eines Vorgeordneten, belastet man sich mit Verantwortungen, die einem nicht zustehen. Diese Überschreitung der Rangordnung wird zwar meist aus Liebe gemacht, doch die vorgegebenen Rangordnungen lassen sich nicht durch Liebe überwinden. Es ist natürlich eine gewisse Verantwortung für die Eltern im Alter da, aber nicht wie ein Partner oder wie ein Vater, sonder wie ein erwachsener Sohn mit Familie und Arbeit.

Darum ist die Korrektur des ersten inneren Bildes besonders wichtig für Herrn Haller um sich aus der Partnerrolle mit den damit verbindenen Gefühlen zu lösen.

Mehrmals pro Tag inne zu halten und bewusst den Vater hinter sich zu spüren (indem er ihn hinter sich stellt) ist ein kleines Ritual, welches ihn bei der Zielerreichung sehr unterstützen wird.

Zielaufstellung II

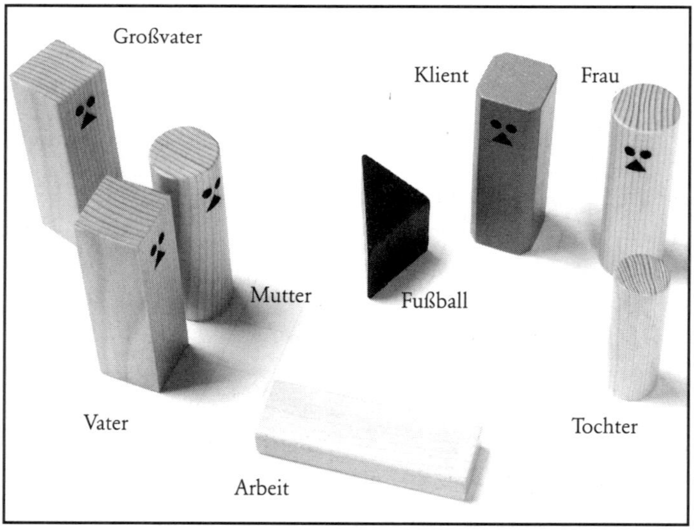

Aufstellung 4
Und daraus ergibt sich dann für die Gegenwart:

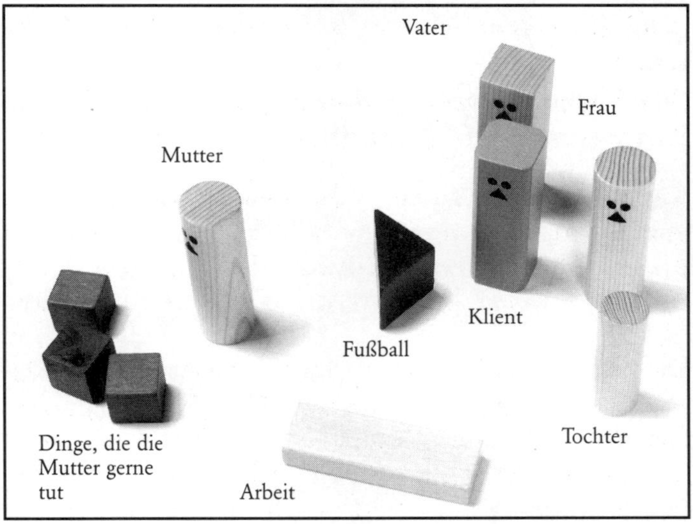

Zielaufstellung III

Die Mutter hat natürlich ihre Zugewandtheit bei den Dingen, die sie gerne tut, aber auch bei der Familie ihres Sohnes.

Kommentar

Systemischer Hintergrund:
„Für die eigene Mutter, Sohn, Partner und Vater sein."
(Verstrickung durch Verletzung der Rangordnung. Partnerersatz und Parentifizierung)

Wenn der Partner ausfällt – aus welchen Gründen auch immer – dann springen die Söhne meist sofort in die Bresche, also ersetzen den Partner bzw. nehmen dessen Platz ein. Vielen Müttern ist das bewusst / unbewusst recht.

Doch die Verletzung der Rangordnung hat für die weitere Entwicklung einschränkende bis schlimme Folgen. Der Platz neben der Mutter ist einerseits schön, weil dem Sohn seine besondere Wichtigkeit dadurch bewusst und erlebbar ist – doch ist er sehr überfordert, weil er sich zuständig fühlt für etwas, wofür er als Kind nicht zuständig sein kann: dem Wohlergehen und Glück der Mutter!

Dieses übergroße Verantwortungsgefühl bleibt dann im Erwachsenenleben nicht nur an die Mutter gebunden, sondern wird auf viele andere Menschen / Angelegenheiten übertragen. Man(n) bricht oft unter den Lasten zusammen im Sinne eines Burn-out-Syndroms. Oder es wird genau umgekehrt reagiert, nämlich absolut keine Verantwortung mehr übernehmen zu wollen.

Im Falle von Herrn Haller war es noch „drastischer", da er von der Partnerrolle auch noch in die Vaterrolle für die Mutter schlüpfte. Das sind natürlich in den allermeisten Fällen unbewusste Reaktionen, weil das Kind die Not spürt und einspringt, um zu helfen, meist auch unabhängig vom Alter. Doch je früher diese Rollen eingenommen werden, umso prägender sind sie.

Wird innerlich die richtige, angemessene Position eingenommen, fließen aus diesem Menschen gleichsam die dem Platz gemäßen Handlungen. Das heißt, als Erwachsener achtet er seine Eltern, kümmert sich um sie mit Liebe, jedoch in einem „gemäßen“ Ausmaß.

Das heißt, sollten die Eltern pflegebedürftig werden, ist es wichtig, dass ein Modus gefunden wird, der für das neue System – also die Jetztfamilie – nicht zur Dauerüberlastung wird.

Naturgemäß fällt Einzelkindern mehr zu, als wenn mehrere Kinder da sind, aber sie haben ja auch meist viel bekommen.

Das Belastendste für Herrn Haller war der innere Druck der Verantwortung mit dem damit verbundenen Schuldgefühl, das sich aus dem Anspruch, den er sich aufgrund der Rollen auferlegte, ergab.

Durch das Heraustreten aus der Vater- und Partnerrolle und „nur“ das zu sein, was er ist, nämlich erwachsener Sohn, löste sich der immerwährende Druck.

Das beschrieb Herr Haller in der nächsten Sitzung: „Der Druck ist weg, was zur Folge hat, dass ich mich lebendig und tatkräftig fühle. Mit meiner Mutter habe ich die klare Vereinbarung getroffen, dass ich sie zweimal pro Woche sehr gerne besuche, einmal pro Woche fährt meine Frau hin. Ich rufe sie täglich zu einer bestimmten Zeit an. Es hat sich vom zeitlichen Aufwand nur gering verändert, aber ich tu es jetzt nicht mehr mit Druck und Schuldgefühl, sondern mit Freude, weil ich weiß, dass es ausreichend ist. Und das macht einen großen Unterschied.

Durch die Aufstellung ist auch der Arbeitseinsatz nicht geringer geworden, jedoch erlebe ich das, was zu tun ist, etwas distanzierter und das macht mich sogar handlungsfähiger.

Was sich „äußerlich“ verändert hat: Ich spiele jeden Montag von 19:30 Uhr bis 22:00 Uhr Fußball und genieße es! All das lässt mich die Zeit, die ich mit meiner Familie verbringe, wirklich bei ihnen und mit ihnen sein, anstatt körperlich anwesend und in Gedanken woanders zu sein.“

Problem: „Kraftlosigkeit“

Sabine Richter, 30 Jahre jung, ist leitende Angestellte. Sie lebt zusammen mit ihrem Partner.

Beraterin: *„Was ist Ihr Anliegen, Frau Richter?“*

IST-Situation und Anliegen

Klientin: *„Ich fühle mich immer wieder sehr kraftlos. Fast jährlich lasse ich mich sozusagen ärztlich generaluntersuchen. Es werden aber keine Ursachen gefunden und deshalb schickt mich nun der Hausarzt zu Ihnen.“*

Beraterin: *„Was genau ist die Symptomatik?“*

IST-Situation

Klientin: *„Es ist ein plötzliches Fehlen von Kraft, eine Energielosigkeit. Es fühlt sich an, als würde ein Teil von mir gestorben sein.“*

Beraterin: *„Wie lange dauert dieser Zustand dann an?“*

Klientin: *„Meistens drei bis vier Tage, fast jeden Monat.“*

Genaue Eruierung des Problems

Beraterin: *„Gibt es bestimmte Ereignisse oder Umstände, die dem voraus gehen?“*

Klientin: *„Nein, ich habe natürlich versucht, das zu erforschen, konnte aber nichts finden, was sich vor dem Eintreten des Zustandes wiederholen würde.“*

Beraterin: *„Gibt es irgendetwas, das Sie privat oder beruflich belastet?“*

Klientin: *„Nein, ich bin mit meinem Privat- sowie Berufsleben zufrieden. Belastend ist nur dieser wiederkehrende Zustand, der natürlich das Privat- und Berufsleben für den jeweiligen Zeitraum sehr mühselig und anstrengend macht.“*
Beraterin: *„Sie sagen, der Zustand tritt monatlich ein?“*

Klientin: *„Ja, fast jeden Monat, neun- bis zehnmal im Jahr. Und nachdem ich auf Anweisung des Arztes die Umstände beobachte, ist das einzige, was sich wiederholt, das Datum. Nämlich es beginnt immer am 14. des Monats."*

IST-Situation

Beraterin: „Ist am 14. etwas Besonderes?"

Klientin: *„Nein."*

Beraterin: *„Ist in Ihrer Ursprungsfamilie etwas Besonderes passiert, Schicksalsschläge oder ähnliches?"*

Klientin (lacht): *„Nein, ich glaube, wir sind die normalste Familie. Liebe Eltern und drei Kinder, keine Probleme, gut, brav, bürgerlich ..."*

Beraterin: *„Würden Sie bitte Ihre Familie mit den Bausteinen aufstellen?"*

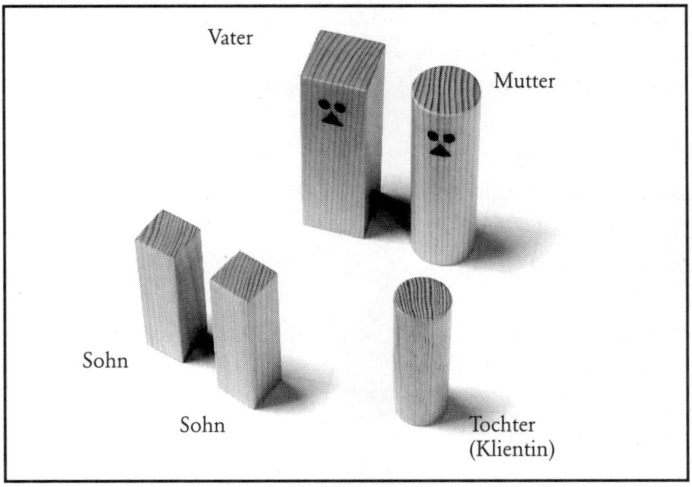

Aufstellung der IST-Situation in Bezug auf die Ursprungsfamilie

Wahrnehmung des Gesamtbildes

Beraterin: *„Sieht wirklich so aus, als wäre alles in Ordnung, oder?"*

Klientin: *„Ja!"*

Beraterin: *„Trotzdem, ich bitte Sie, sich in die einzelnen Personen nacheinander hineinzuversetzen."*

IST-Situation aus Sicht des Vaters

Klientin in Vater: *„Meine Frau stärkt und unterstützt mich; mit ihr, das fühlt sich warm und gut an. Auf meine Söhne habe ich ein wachendes Auge, aber die machen's schon gut. Meine Tochter, auf die bin ich stolz, aber so ganz verstehe ich nicht, was in ihr vorgeht."*

IST-Situation aus Sicht der Mutter

Klientin in Mutter: *„Mein Mann ist sehr stark an meiner Seite, das tut mir gut; dennoch empfinde ich die Kinder als Herausforderung; ich liebe sie, sie sind auch anstrengend. Es erfordert Kraft und etwas macht mich traurig."*

Beraterin an Klientin in Mutter: *„Was macht Sie traurig?"*

Klientin in Mutter (spürt länger nach): *„Ich kann es nicht sagen, was es ist."*

IST-Situation aus Sicht der Klientin

Klientin in eigener Position: *„Mir geht's gut da, mag meine Brüder, habe tolle Eltern. Aber ich spüre was von der Traurigkeit der Mutter. Das belastet mich. Es raubt mir Kraft."*

Beraterin direkt zu Klientin: *„Wissen Sie, was es sein könnte, was die Mutter traurig macht?"*

Klientin (denkt nach): *„Mir fällt wirklich nichts ein."*

Beraterin: *„Wenn Sie sich nochmals in Ihre Position in der Familie hier begeben."*

Klientin tut dies.

Beraterin: *„Beschreiben Sie bitte nochmals Ihr Gefühl."*

Klientin in ihrer eigenen Position: *„Belastet, die Energie geht weg, kraftlos, ja! Genauso, wie ich mich an den genannten Tagen fühle! Ich verstehe die Welt nicht mehr. Wie kommt das?"*

Beraterin: *„Glauben Sie, dass Sie mit Ihrer Mutter sprechen könnten, ob es nicht doch ein Ereignis gab, das traurig oder schlimm war?"*

Klientin: *„Ich denke schon."*

Beraterin und Klientin vereinbaren, dass sich die Klientin meldet, sobald sie mehr Information hat.
Ihr Anruf kam zwei Wochen später und eine neue Sitzung wurde vereinbart.

Klientin: *„Ja, in einem einerseits sehr aufwühlenden, wie traurigen und doch gleichzeitig auch sehr verbindenden Gespräch gestand mir meine Mutter folgendes: Zwei Jahre vor meiner Geburt hatte sie schon ein Mädchen geboren. Es kam mit einem schweren Herzfehler und einer Missbildung zur Welt. Meine Mutter war nach der sehr schwierigen Geburt selbst lebensgefährdet und kam auf die Intensivstation. Das Mädchen starb nach drei Tagen. Meine Mutter hat es nie gesehen. Es fand auch kein Begräbnis statt. Mir wurde klar, dass meine Mutter das nie wirklich verkraftet hat und dass daher ihre immer wiederkehrenden Traurigkeitsphasen kommen.*
Und der Punkt, der mich nun wirklich völlig aus der Fassung gebracht hat, ist, dass ich erstens den Namen dieses Mädchens trage und dass sie am 14.4. verstorben ist und das einzige sich wiederholende Auslöserfaktum für meine „kraftlosen Tage" der 14. ist!"

Beraterin: *„Wenn Sie jetzt noch mal Ihre Familie aufstellen, nach Ihrem inneren Bild bzw. Gefühl, wie ist das dann jetzt?"*

Klientin stellt auf:

ZIEL-Aufstellung

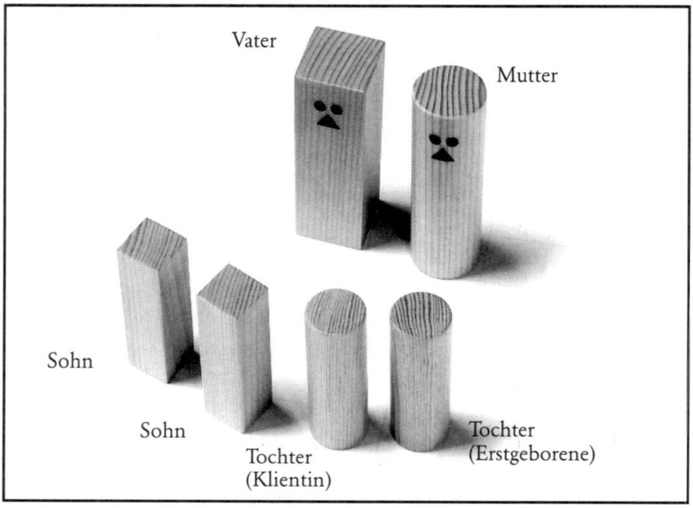

Beraterin: *„Und wie fühlt sich das nun für Sie an?“*

Klientin: *„Spontan würde ich aus dem Herz und Bauch einfach sagen: komplett und richtig* (nickt dabei stark mit dem Kopf zustimmend).“
„Und ich bin plötzlich die zweite, nicht mehr die erste, – merkwürdig, dass sich das so erleichternd anfühlt.“

Beraterin zu Klientin: *„Wenn Sie die Augen schließen und sich nun Ihre Schwester, die Erstgeborene, vorstellen und bitte mit dem Kopf nicken, wenn Sie so weit sind.“*

Klientin nickt:

Beraterin: *„Nehmen Sie sich Zeit, Ihre Schwester liebevoll wahrzunehmen; ihr zu sagen, dass es schade ist, dass Sie so früh gestorben ist; dass Sie gerne mit ihr als größere Schwester aufgewachsen wären; dass Sie dennoch ihrem Schicksal zustimmen; doch sie ist Ihre Schwester, die Erstgeborene, und Sie selbst sind die Zweitgeborene und werden gerne zum Andenken an sie was Gutes aus Ihrem Leben machen.“* (Der Klientin rinnen die Tränen über die Wangen und gleichzeitig wirkt sie entspannt und gelöst).

Es wurde noch mit der Klientin vereinbart, dass sie mit der ganzen Familie eine Seelenmesse für die Schwester besuchen wird und sie sagte, dass schon von der Mutter der Wunsch kam, eine „Ruhestätte“ für die Schwester zu gestalten.
Laut Bericht dieser Klientin sind die „kraftlosen Tage“ nicht mehr aufgetaucht.

Kommentar

Systemischer Hintergrund:
„Die totgeschwiegene Schwester.“
(Geschwisterersatz. Stellvertretende Gefühle für die Schwester)

Nicht gelebte Trauer wirkt in der Folgegeneration weiter.

Da Geburt (und damit das Leben) sowie Tod die großartigsten, einschneidendsten, entscheidendsten Ereignisse sind, hinterlässt der Tod, der Verlust eines Kindes, Spuren in Familiensystemen. Kann – aus welchen Gründen auch immer – die Trauer nicht gelebt werden, lebt sie unterschwellig – in verschiedensten Formen – lange weiter, manchmal über Generationen.

Den Platz eines Verstorbenen einzunehmen belaster das Lebensgefühl, erzeugt eine Teilidentifikation mit dem Verstorbenen

In diesem Fall konnte die Mutter weder trauern, noch sich vom Kind verabschieden. Das Leben und der Tod dieses Kindes wurden verschwiegen, wohl in der Absicht, Schmerz zu vermeiden. Doch funktioniert es so nicht, ganz im Gegenteil: Es wirkt unerlöst weiter in der Mutter sowie in der Tochter, die noch dazu gleichsam für die andere lebte (als vermeintliche Erstgeborene, also in deren Position, mit deren Namen).

Die Lösung ergibt sich aus der Gegenüberstellung, Anerkennung und Würdigung und der Platzrückgabe

Erst das „ans Licht bringen“, also „bewusst machen“, von verschwiegenen oder ausgeschlossenen Menschen und deren Schicksal sowie die Auswirkungen; die Anerkennung und Würdigung dessen; dann die liebevolle Gegenüberstellung, lässt die unbewusste (Teil-) Identifikation sich auflösen. Die bislang identifizierte Person kann anstatt geschwächt nun kraftvoll ihren Weg gehen.

5.4 Aus dem Bereich Partnerschaft

Problem: „Schwierigkeit mit Kinderwunsch"

Herr und Frau Rothner, beide 33 Jahre alt, sind seit vier Jahren verheiratet und haben bisher noch keine Kinder. Beide sind in gehobenen Positionen, allerdings in verschiedenen Firmen, tätig.

Beraterin: „*Wenn Sie mir beide nacheinander mitteilen, was Ihr Anliegen ist und was Sie sich von dieser Sitzung erwarten.*"

Frau Rothner: „*Unser – bzw. wenn ich für mich spreche – mein Problem ist, dass wir zwar beide eine Familie möchten, also zwei Kinder wären schön. Doch sind wir beide beruflich erfolgreich und karrierebewusst. Deshalb können wir uns nicht einigen, wann und vor allem wie das passieren und funktionieren soll.*" IST-Situation Anliegen

Herr Rothner: „*Ja, so sehe ich das auch. Wir wollen Familie, aber keiner will Abstriche bzgl. Karriere machen bzw. halt so wenig wie möglich.*" IST-Situation

Beraterin: „*Wenn wir es in Prozentzahlen bringen, wie viel Wert hat:*
- *Karriere*
- *Beziehung als Paar*
- *Familie mit zwei Kindern*"

Frau Rothner: „*Am liebsten würde ich sagen: jedes davon 100%. Aber ich nehme an, ich soll es in den 100% unterbringen.*"

Beraterin: „*Ja, genau.*"

Frau Rothner: „*Das ist schon schwer festzulegen!*" (Pause)

Herr Rothner: „*Für mich auch. Obwohl es eine gute Frage ist. Ich würde auch jedem Punkt 100% geben. Aber dann kollabieren wir, oder?*" (lacht)

Beraterin: *„Dann versuchen wir es gleich mit den Bausteinen. Jeder von Ihnen stellt die „Jetzt-Situation" auf. Sie stellen bitte:"*

- sich selbst
- den Partner
- die eigene Arbeit
- die Arbeit des Partners
- den eigenen Familienwunsch
- den Familienwunsch des Partners

Aufstellung IST-Situation

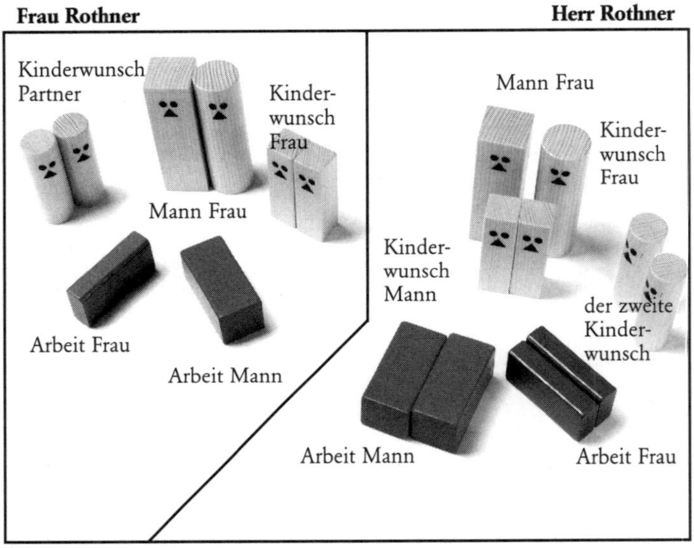

Wahrnehmung des Gesamtbildes

Beide rufen fast zugleich: *„Das ist ja interessant!"*

Beraterin: *„Wenn ich Sie nun wieder hintereinander frage: Was ist gemeinsam, was ist unterschiedlich?"*

Frau Rothner:

„Gleich erleben wir offensichtlich unsere Beziehung als Paar, das finde ich schön. Ähnlich zwar unseren Bezug zur Arbeit, nur mein Mann scheint die Arbeiten als solches noch größer zu sehen / zu erleben. Sein Wunsch nach Familie bzw. Kindern scheint ihm näher, er möchte das noch mehr und sieht gleichzeitig, dass es mir noch entfernter ist, was stimmt."

Herr Rothner:

„Wie meine Frau sehe ich mit Freude, dass wir das gleiche Bild unserer Beziehung haben. Das gefällt mir auch sehr. Den Bezug zur Arbeit sieht sie ja offensichtlich auch gleich, die Dimension der Arbeit etwas kleiner als ich. Aber das ist ja auch wieder für beide gleich. Es beruhigt mich auch, wahrzunehmen, dass ich den Bezug zum Kinderwunsch in etwa richtig einfühle, das zweite Kind „fühlt" sie näher, als ich vermute. Nun ja, und meine Frau denkt, dass es mir ähnlich geht wir ihr diesbezüglich, nun sieht sie aber was anderes! (lacht sie an)"

Beraterin: *„Wir machen das mit den Prozenten nun anders: „So wie es jetzt ist" bewerten Sie zuerst ihr eigenes Bild, danach das des Partners in Bezug auf die Lebensqualität: Wie viel hat es jetzt?"*

Beschreibung des Jetzt-Zustandes

Frau Rothner:

„Meine Lebensqualität: 95%
Seine Lebensqualität: 87%"

Herr Rothner:

„Meine Lebensqualität: 85%
Ihre Lebensqualität: 97%"

Beraterin: *„Sie kennen sich offensichtlich gut und haben gutes Einfühlungsvermögen füreinander, das ist schön!"* (Beide nicken strahlend)

Beraterin: *„Nun, Sie sind jetzt 33 Jahre alt. Angenommen es bliebe so wie jetzt, wie hoch schätzen Sie Ihre Lebensqualität in 5 Jahren ein, also mit 38 Jahren?"*

Frau Rothner:

*„Meine Lebensqualität: 45%
Seine Lebensqualität: 70%"*

Herr Rothner:

*„Meine Lebensqualität: 75%
Ihre Lebensqualität: 60%*

Beraterin: *„Das sehen oder erleben Sie nun doch unterschiedlicher."*

Frau Rothner:

*„Ja, weil wenn es mit 38 Jahren so ist wie jetzt, stehe ich wahrscheinlich unter hohem Druck mit der Entscheidung: Kind ja oder nein. Und die Ambivalenz ist sicher viel ärger als jetzt zu ertragen!
Dass mein Mann glaubt, ich habe dann noch 60%, na ja..."*

Herr Rothner:

„Ich schätze den „Tiefpunkt" für zwischen 40 und 42 Jahren ein, wenn wir uns bis dorthin nicht entschieden haben sollten."

Beschreibung des Zeitrahmens

Beraterin: *„Bis wann möchten Sie sich denn entschieden haben, wissend, dass die „letzte Entscheidung" nicht ganz in unseren Händen liegt?"*

Frau Rothner:

„Also wenn wir uns für JA entschieden haben, dann möchte ich mit 35 spätestens schwanger werden."

Herr Rothner:

„Wenn ein JA da ist? Am besten morgen. (Lacht)."

Beschreibung des Zieles

Beraterin: *„Bis wann wollen Sie also entschieden haben?"*

Frau Rothner:

„Sobald als möglich!"

Herr Rothner:

„Bis 35 Jahre sollte spätestens entschieden sein, sonst wird's ein Krampf!"

Beraterin: *„Wie hoch schätzen Sie „Lebensqualität“ bzw. Erfüllung:“*

- *mit Kindern ein sowie*
- *ohne Kinder ein?“*

Frau Rothner:		Herr Rothner:	
„mit:	*94%*	*„mit:*	*99%*
ohne:	*79%“*	*ohne:*	*50%“*

Beraterin: *„Interessant.“*

Beide schauen nun die Bewertungsergebnisse mit großen Augen an. Und sich dann gegenseitig.

Beraterin: *„Ich glaube nicht, dass man das jetzt zerreden sollte, es wirkt so kraftvoller. Oder was meinen Sie?“*

Beide nicken zustimmend.

Beraterin: *„Wir machen für heute noch eine letzte Bewertung: Wie schätzen Sie die Qualität bzw. Intensität oder einfach das, was Ihnen in Summe aneinander/miteinander wichtig ist, ein:“*

- *bei der Heirat*
- *jetzt*
- *mit Kindern*
- *später ohne Kinder*

Der übergeordnete Bezug wird beschrieben für Vergangenheit, Gegenwart und zwei mögliche Zukunftsszenarien

Frau Rothner:		Herr Rothner:	
„Für mich:“	*„Für ihn:“*	*„Für mich:“*	*„Für sie:“*
1. 90%	*1. 90%*	*1. 85%*	*1. 85%*
2. 99%	*2. 95%*	*2. 95%*	*2. 95%*
3. 100%	*3. 100%*	*3. 100%*	*3. 85%*
4. 50%	*4. 40%*	*4. 45%*	*4. 75%*

Beraterin: *„Können wir folgende Vereinbarung treffen: Sie sprechen zu Hause nicht mehr darüber, sondern tragen die Erfahrungen in ihrem Herzen. Und machen sich einen Zeitpunkt aus, wo Sie dann über Ihre Herzenserfahrungen und eventuelle Kon-*

sequenzen sprechen. Das kann in drei Wochen sein, in einem Monat, in zwei Monaten ...
Und falls ich dann noch etwas für Sie tun kann, lassen Sie es mich wissen. Ist für heute noch etwas wichtig?"

Frau Rothner: *„Obwohl wir gar nicht darüber gesprochen haben, wann das sein sollte und wie es funktionieren soll, sind Fakten unseres Lebens verdeutlicht worden, die bei den endlosen Diskussionen, die mein Mann und ich führten, nie so klar waren. Wir haben sozusagen darüber gestritten, wie denn unser Haus sein soll ohne das Grundstück dafür zu kennen. Das Grundstück kenne ich nun, weiß um seine Lage und Beschaffenheit, seine Zukunftsprognose (lacht herzlich). Für mich ist das Ergebnis anders als gedacht, doch besser als erwartet. Danke."*

Herr Rothner: *„Meine Frau drückt die Dinge immer so gut aus. Ich kann mich dem nur anschließen. Es war meine erste „psychologische Beratung" und ich hatte schon Sorge, welche Kellerausgrabungen da wohl passieren werden mit keinem oder schlechten Ergebnis. Aber das war ja wie in meiner Arbeit ..."*

Kommentar

Hintergrund:
„Die Lösung ist auf einer anderen Ebene zu finden."

Bezogen auf dieses Paar ist aus dem Wissen durch das Anmeldungsgespräch, das vor der Sitzung stattfand, hervorgegangen, dass über das „Wie?" schon an die hundert Diskussionsrunden stattgefunden haben. Das brachte die Vermutung nahe, dass es vielleicht an einer unklaren Bestandsaufnahme und unklaren Vision für später auf der übergeordneten Ebene „Lebensqualität, Erfüllung" liegen könnte.
Des weiteren war durch das Vorgespräch auch deutlich hervorgegangen, wie wichtig es für das Paar ist, Ihre „Landkarte" zu verwenden. Beide sind in der Wirtschaft tätig und haben keinen Zugang und kein Vertrauen in „tiefenpsychologische" Vorgehensweisen. Die Aufgabe des Beraters ist es auch, sich auf die „innere Welt" des Klienten einzustellen und ihn da abzuholen, wo er sich befindet.

5.5 Aus dem Bereich Supervision Problem: „Ich weiß nicht weiter."

Marianne Schuler ist seit drei Jahren niedergelassene Paartherapeutin und nutzt immer wieder die Gelegenheit, problematische Fälle durch eine Supervisionsaufstellung zu klären.

Beraterin: *„Marianne, um welchen Fall geht es heute bei Ihnen?"*

IST-Situation

Klientin: *„Ein Paar war bis jetzt fünf Sitzungen in meiner Beratung. Ich habe keinen weiteren Termin vereinbart, weil ich das Gefühl habe, es dreht sich im Kreis, ich kann da nicht helfen."*

Beraterin: *„Was ist also Ihr Ziel für diese Supervisionsstunde hier?"*

Anliegen ZIEL

Klientin: *„Ich möchte herausfinden, ob es einen Weg gibt, dass ich weiterhelfen kann oder ob es besser ist, die Beratung tatsächlich zu beenden."*

Beraterin: *„Dann stellen Sie bitte die Beratungssituation mit folgenden Elementen auf:"*

Klärung, wer/was aufgestellt wird

- sie als Therapeutin
- die Ehefrau
- den Ehemann
- das Problem des Paares

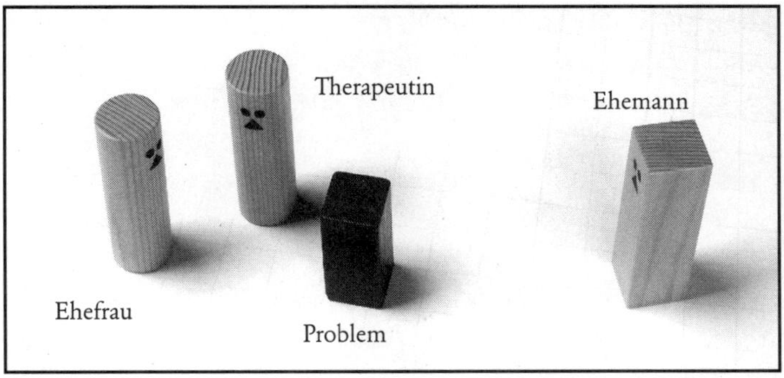

Aufstellung IST-Situation

Gesamtbild wahrnehmen

Beraterin: „*Wenn Sie jetzt so darauf schauen, was sehen Sie, bzw. nehmen Sie wahr?*“

Erkenntnis

Klientin: „*Das Paar ist ziemlich weit auseinander, jedoch aufeinander bezogen. Das Problem steht interessanterweise näher bei der Frau, obwohl es eigentlich sein Problem ist, nämlich Tablettenabhängigkeit. Und es steht zwischen den beiden. Ich stehe zwischen dem Problem und der Frau, ziemlich dicht. So war mir das nicht bewusst!*“

Beraterin: „*Gut, gehen wir nun zum nächsten Schritt: Versetzen Sie sich nacheinander in jede Person bzw. auch in das Problem selbst und beschreiben Sie dann, was Sie jeweils erleben.*“

IST-Situation aus Sicht der Klientin

Klientin an ihrem Platz: „*Ich bin arg nah an der Ehefrau. Ich versuche, sie zu verstehen und vor dem Problem zu schützen, fühle mich dabei aber nicht gut.*
Das Problem sehe ich nicht richtig, fühle es mehr.
Und den Ehemann sehe ich gar nicht.
Ich möchte da dringend raus.“

IST-Situation aus Sicht der Ehefrau

Klientin in Ehefrau versetzt: „*Es ist eine unerquickliche Situation. Die Therapeutin klebt fast an mir, so ist sie mir eher ein Hindernis. Das Problem verstellt mir die Sicht und den Weg zum Mann, zu dem ich eigentlich möchte. Ich fühle mich vom Problem blockiert und die Therapeutin unterstützt eher dieses Gefühl.*“

IST-Situation aus Sicht des Ehemannes

Klientin in Ehemann versetzt: *„Ich würde gerne zu meiner Frau, aber sie stellt das Problem vor sich, so kann ich nicht hin, das frustriert mich sehr. Weiß nicht, was ich tun kann."*

IST-Situation aus Sicht des Problems

Klientin in Problem versetzt: *„Komischerweise habe ich als Problem tatsächlich das Gefühl, ich gehöre mehr zur Frau."*

Beraterin direkt zur Klientin: *„Wenn Sie sich jetzt wieder außerhalb stellen, was sagen Ihnen diese Informationen bzw. wie führen diese weiter?"*

Klientin: *„Zuerst stelle ich mich so, dass ich alle im Blick habe."* (Tut dies)

Aufstellung des Zwischenziels

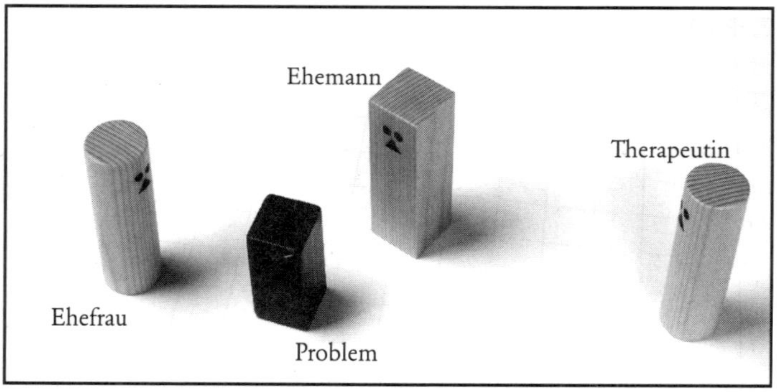

Beraterin: *„Genau. Und ergibt die Information, dass das Problem mehr zur Frau gehört einen Sinn? Könnte es die Frau vor etwas schützen?*
Oder ist sie, wenn sie an diesem Problem bzw. den Auswirkungen, die es auf sie oder auf die Beziehung hat, festhält, jemandem aus ihrer Ursprungsfamilie treu oder loyal?"

Klientin: *„Mir geht ein Licht auf! Die Ehefrau, also meine Klientin, hat mehrfach erzählt, wie sehr ihre eigene Mutter darunter gelitten hat, dass ihre Schwiegermutter immer zwischen ihr und ihrem Mann stand und dass sie, meine Klientin, damals als Kind mitgelitten hat. Und nun stellt sie das Problem genauso zwischen sich und ihren Ehemann und verstellt sich somit den*

Zugang zu ihm (so wie ihrer Mutter der Zugang zum Vater verstellt war).
Ich glaube, jetzt habe ich genau den Punkt, wo ich gut und sinnvoll weiterarbeiten kann. Danke."

Kommentar

Systemischer Hintergrund: „Die verschobene Reinszenierung (Wiederholung) eines Paarproblems“ (Die Auswirkungen einer unbewusten Loyalitäts-Bindung)

Es geschieht relativ häufig, dass die Paarbeziehung der Eltern (manchmal Großeltern) teilweise, manchmal sogar ganz, wiederholt wird. In dieser meist unbewussten Wiederholung sind wir einem von ihnen oder beiden treu. Aus dieser Dynamik wird ohne das Vertändnis für systemische Zusammenhänge selten ein Ausweg gefunden. Erst im Erkennen, dass wir:

- in der Wiederholung gefangen sind
- durch diese Art von Liebe oder Loyalitätsbeweis keinem Elternteil helfen (oder erlösen) können
- die Paarbeziehung in der Verantwortung der Eltern lassen müssen.
- Dann erst sind wir frei, die uns und unserem Partner gemäße Beziehung zu leben.

Was in diesem Fall die Klientin, also die Beraterin des Paares anbelangt, ist ihr Anliegen für dieses Coaching geklärt. Doch bezogen auf das Paar, das sie berät, werden sich nach dieser Erkenntnis sicher noch andere Themen zur „Bearbeitung“ stellen.

Literatur:

Andreas, S. & Connirae (1992): Mit Herz und Verstand. Paderborn (Jungfermann)

Bateson, G. (1983): Ökologie des Geistes. Frankfurt (Suhrkamp), 3. Aufl.

Boszormenyi-Nagy, I. u. G. Spark (1993): Unsichtbare Bindungen. Stuttgart (Klett-Cotta).

De Shazer, S. (1992): Das Spiel mit Unterschieden. Heidelberg (Carl-Auer-Systeme)

Erickson, M. H. (1996): Gesammelte Schriften. Hrsg. V. Ernest

L. Rossi. Bd. 2: Indirekte Suggestion und Gefahren der Hypnose. Heidelberg (Carl-Auer-Systeme)

Fromm, E. (1956): Die Kunst des Liebens. Stuttgart (DVA)

Grochowiak, K., Castella, J. (2001): Systemische Organisationsberatung. Heidelberg (Carl-Auer-Systeme)

Gross, B. u. J. Schneider (2000): Ach wie gut, daß ich es weiß. Märchen und andere Geschichten in der Therapie. Heidelberg (Carl-Auer-Systeme)

Hellinger, B. (2001): Die Quelle braucht nicht nach dem Weg zu fragen. Ein Nachlesebuch. Heidelberg (Carl-Auer-Systeme).

Laborell, G. (1991): Kompetenz und Integrität. Paderborn (Jungfermann)

Luhmann, N. (1996): Soziale Systeme. Grundriss einer allgemeinen Theorie. Frankfurt/M. (Suhrkamp)

Maturana, H. u. F. Varela (1987): Der Baum der Erkenntnis. Die biologischen Wurzeln des menschlichen Erkennens. Bern u. a. (Scherz).

Riedl, R. (1981): Biologie der Erkenntnis. (Paul Parey)

Schütz, P., Schneider-Sommer, S., Jelem, H., Gross, B., Brandstetter-Halberstadt, Y. (2001):Therorie und Praxis der Neuro-Linguistischen Psychotherapie. Paderborn (Jungfermann).

Sheldrake, R. (1993): Das schöpferische Universum. Die Theorie des morphogenetischen Feldes. München (Goldmann)

Sheldrake, R., B. Hellinger a H. Beaumont (2000): Family Systems, Morphogenetic Fields and the Soul [Videocassette]. Berlin (Movement of the Soul - Video Production Harald Hohnen)

Stresius, K., Castella, J., Grochowiak, K. (2001): NLP & das Familienstellen. Ein praxisorientierter Handlungsleitfaden. Paderborn (Junfermann)

Ulsamer, Bertold (1999): Ohne Wurzeln keine Flügel. Die systemische Therapie von Bert Hellinger. München (Goldmann)

Varga v. Kibéd, M. u. I. Sparrer (2000): Ganz im Gegenteil. Tetralemmaarbeit und andere Grundformen der Systemischen Strukturaufstellung. Heidelberg (Carl-Auer-Systeme), 2. Aufl.

Weber, G., Brigitte Gross (2001) Artikel aus: Praxis des Familienstellens. Beiträge zu systemischen Lösungen nach Bert Hellinger. Heidelberg (Carl-Auer-Systeme)

Danken möchte ich:

- All den Menschen, die ich in ihrer Entwicklung begleiten durfte.
- Meinen Freunden/-innen und Kollegen/-innen vom Österreichischen Trainingszentrum für NLP.
- Tobias Judmaier, der mit Engagement und großem Einfühlungsvermögen das Layout besorgte.

Foto: privat

Brigitte Gross, Dr. Phil.

lebt in Salzburg, ist als Psychotherapeutin in freier Praxis tätig. Mitbegründerin des seit 1984 bestehenden Ausbildungs- und Trainingszentrums für NLP. Lehrpsychotherapeutin, Lehrmediatorin, Lehrsupervisorin. Coach und Trainerin im Wirtschaftsbereich.
Spezialisiert auf systemische Aufstellungsarbeit.

Seminarangebote von Dr. Brigitte Gross:

„Ziele und Lösungen“
„Systemische Orientierung (Familienaufstellung)“
„Seminar für Paare (Paaraufstellung)“
„Das Kind in mir“
„Organisationsaufstellung“
„Weiterbildungsseminare“ (siehe unten)

www.brigitte-gross.com